초저금리 시대 여유로운 미래를 대비하기 위한 필수 아이템

중위험 중수익
펀드재테크

곽재혁 지음

책넝쿨

저금리 고령화 시대를 극복하는
수리답식 자산관리의 대안

바야흐로 '100세 시대', 빠르게 늘어나는 기대수명을 감안하면 우리는 앞으로 은퇴 후 최소 30~40년은 더 살아갈 것을 염두에 두어야 한다. 문제는 주거비나 자녀 교육비 지출 등으로 돈을 모으기도 어려운데 예금 금리까지 낮아지면서 저축을 통한 재산증식이 어려워 졌다는 것이다.

2015년 3월 기준금리가 연 1.75%로 떨어지면서 대한민국은 사상 유례없는 연 1%대의 초저금리 시대에 접어들었는데 인구 고령화 및 저성장이라는 사회구조와 맞물려 이러한 저금리는 앞으로도 지속될 가능성이 높다. 여기에 높은 수준의 가계부채 규모를 감안할 때 단기적으로도 내린 금리를 다시 올리기는 어렵고 부담스러워 보인다.

상황이 이런 만큼 우리는 정기예금만을 고집하는 저축 패턴에서 벗어나 자금의 일부라도 투자를 통해 수익률을 높이는 노력이 필요하게 되었다. 마치 가물어 가는 논 앞에서 하늘만 한탄해야 하는 천수답(天水畓)을 웬만한 가뭄에도 끄떡없이 농사 지을 수 있는 수리답(水利畓)으로 바꾸듯이 말이다. 이젠 수리답식 자산관리가 그 어느 때보다 필요한 시기라고 할 수 있다.

　일본의 과거 모습에서 미루어 짐작해 보건대 초저금리가 지속되고 심화될수록 투자는 점차 선택이 아닌 필수가 되어갈 것이다. 제로금리를 단행한 1990년대 말부터 보수적이라 할 수 있는 일본인들마저 중위험 중수익 펀드 투자 비중을 꾸준히 늘려 간 점을 감안할 때 이러한 변화는 우리의 미래 모습일 수 있다.

　바쁜 생업 등으로 어렵고 복잡한 자산 투자에 신경을 쓰기는 쉽지 않다. 하지만 우리가 손을 놓고 있는 사이 누구에게나 평등하면서 돈을 불리는데 중요한 요소인 시간은 헛되이 흘러만 간다. 설령 종잣돈이 적더라도 시간만 충분하다면 복리의 마법을 통해 자산을 불릴 수 있는데도 말이다.

예를 들어 연 7.2% 수익률을 가정하면 10년 후 자산은 2배가 되고, 20년이 지나면 4배, 30년이 지나면 8배가 된다.

따라서 초저금리 하에서 자산관리는 단 몇 %의 수익률도, 단 몇 개월의 시간도 결코 소홀히 해서는 안된다는 마음가짐이 중요하다 하겠다. 지금 우리가 중위험 중수익 펀드투자에 더욱 관심을 가져야 하는 이유가 바로 여기에 있다.

우리 농협은행도 고객들의 자산관리 서비스를 강화하기 위해 다양한 형태의 우량 중위험 중수익 펀드들을 출시하고 있다. 이미 투자를 경험한 고객들로부터 꾸준히 호응을 얻고 있다는 소식이 들려오는 것을 보면 중위험 중수익 펀드는 자산관리에 있어서 더 이상 대안이 아닌 대세가 되었다고 할 만하다.

이를 감안할 때 현 시점에 이 책이 나온 것은 그 의미가 크다 하겠다. 저자는 농협은행 자산관리(WM) 사업분야의 전문가로서 그간 쌓은 지식과 경험들을 바탕으로 투자의 이론을 넘어 실천 가능한 방법들을 제시하고 있다.

또한 자칫 어렵고 딱딱하게 흐르기 쉬운 주제를 스토리 형식으로 풀어내 중위험 중수익 펀드에 대해 생소한 일반인들도 부담 없이 읽고 이해할 수 있게 했다는 점도 인상적이다.

　이 책을 준비하며 기울인 저자의 노력에 박수를 보내며 많은 분들이 이 책을 통해 행복한 미래를 설계하기 위한 자산관리를 시작하는 계기가 마련될 수 있기를 기대해 본다.

2015. 6

NH농협은행장 김주하

지금 대한민국에서 우리의 삶과 관련된 경제 상황을 간단하게 정리하자면 경기는 불황의 늪에서 빠져나오지 못하고 있고 이자는 너무 적어 불만스럽다. 여기에 투자환경은 금융위기를 벗어나기 위해 풀어놓은 돈을 거둬들여야 하는 어려운 과제를 앞에 두고 있어 불안이 가시지 않는다. 이런 상황을 나는 이 책에서 삼불(三不)현상이라고 정의했다.

물론 금융 및 재테크의 혼란기가 이번만의 일은 분명 아니다. 1970년대 석유 파동, 1990년대 IMF 외환위기와 IT버블 붕괴, 2000년대 초 카드사태 등 우리는 수많은 위기들을 나름대로 잘 극복해 왔다. 하지만 최근에 겪는 삼불현상은 인구 고령화로 인해 과거와 달리 오랫동안 지속될 가능성이 높다는 데 그 심각성이 있다. 과연 이러한 상황에서 우리 모두 경제적으로 더 윤택해지고 행복해지려면 어떻게 해야 할까?

사실 가장 근본적인 대안은 다들 알고 있듯이 조금 힘들어도 꾸준히 저축하고, 어렵고 복잡하지만 세금을 줄이고 주식이나 채권, 그리고 펀드 같은 금융상품 투자에 더 많은 관심을 가지는 것이다.

그런데 절세나 저축의 중요성은 많은 사람들이 공감하는 반면 금융상품 투자에 있어서는 아직도 부정적이고 냉소적인 반응을 보이는 이들이 많다. 진정 안타까운 건 부유층들보다 미래를 대비하기 위해 정작 투자가 꼭 필요한 서민이나 중산층들에게서 이런 반응이 더욱 심하게 나타난다는 데 있다.

왜 그럴까? 내가 강의장에서 투자에 대해 부정적인 반응을 보이는 청중들에게 그 이유를 물어보면 대부분 '2008년 글로벌 금융위기와 2011년 유럽 재정위기 등으로 투자에서 큰 손해를 보는 등 좋지 않은 경험'을 들었다. 심지어 가끔은 주식시장을 카지노에 빗대며 '돈 있는 큰손들이 없는 서민 등쳐 먹는 악마들의 소굴'이라며 흥분하던 이도 있었다.

　그런데 이런 투자실패의 주된 원인은 우리가 투자의 원리를 제대로 이해 못 하는 데 있다. 예를 들어 주식의 가격을 결정하는 핵심요인인 기업이익은 전체적으로 여전히 증가하고 있다. 전 세계적으로 인구는 꾸준히 증가하며 경제도 빠르냐 더디냐의 차이가 있을 뿐, 성장을 계속 하기 때문이다. 따라서 '장기'와 '분산'이라는 원칙을 잘 지키면 분명 투자에 성공할 수 있다는 결론이 나온다.

　하지만 더 큰 문제는 설령 그것을 이해한다고 해도 실제로 지키는 것은 다른 일이며 훨씬 더 어렵다는 데 있다. 예를 들어 투자한 주식을 팔기 전에는 어떤 이익이나 손해도 없지만 많은 이들은 수시로 달라지는 평가손익을 매일 확인하며 이에 집착한다. 그러다 보니 처음 생각과 달리 조금만 이익이나 손실을 봐도 안절부절 못하며 쉽게 파는 것이다.

　실제로 지난 해 초 금융투자협회에서 투자자들의 펀드 투자기간을 설문 조사한 결과 평균 1.3년에 불과하다고

했다. 어떤 펀드가 최근에 좀 떴다 싶으면 묻지도 따지지도
않고 가입했다가 조금만 성과가 부진해 보이면 얼마 못 가
환매하는 잘못된 투자행태가 아직도 반복되고 있기 때문
이다.

그러나 투자 실패에 대한 원인과 책임을 전적으로 투자
자들의 무지와 무원칙으로 돌리는 일부의 편협한 행태도
문제이다. 투자의 세계란 원래 전문가들조차도 심리적 불
안과 편견에 사로잡힌 성급한 매매로 종종 실패를 겪는 곳
이다. 하물며 하루에 최대 30%씩 올랐다 내릴 수 있는 주
식시장에서 일반투자자들이 느끼는 압박감은 오죽할까.

이런 이유로 지난 7년간 수 많은 청중들에게 자산관리에
서 투자의 중요성을 강조해 온 나는 한동안 고민에 빠졌다.
누구나 심리적 불안감에 휩싸이지 않으면서 기존의 주식
형 펀드보다 더 편안하게 오랫동안 투자해서 목돈을 모으
고 경제적 자유를 누릴 수 있게 하는 대안을 찾고 싶었다.

그러던 중 2013년 2월 자본시장연구원과 노무라 증권이
공동 개최한 세미나에서 나는 결론을 얻었다. 최근 11년간

직장인 월급이 되려 10% 가량 깎였고 예금 금리는 1년에 0.2%도 채 되지 않을 만큼 오랫동안 삼불현상을 겪은 일본인들은 이를 극복하기 위해 어떤 대안을 선택했을까?

그날 노무라 증권의 한 연구원이 보여 준 그래프에서는 예금보다 수익성이 높고 주식보다 손실 위험이 낮은 '중위험 중수익 펀드'로 일본인들의 자금이 꾸준히 몰리는 것이 확연하게 나타났다. 안정성과 더불어 적절한 수익성을 동시에 갖춘 중위험 중수익 펀드야 말로 내가 찾던 가장 현실적인 대안이었다.

그런데 막상 공부를 하다 보니 중위험 중수익 펀드는 우리가 생각했던 것보다 더 복잡한 경우가 많았다. 주식, 채권이나 부동산 외에도 전환사채, 해외채권, 선물 및 옵션 등 파생상품에 투자하거나 때로는 주식을 다른 이에게 빌려서 파는 공매도 같은 방식들이 활용되기도 했다.

문제는 최근 신문이나 매스컴에서도 중위험 중수익 펀드의 중요성을 많이 이야기하지만 막상 이에 대해 일목요연하면서도 이해하기 쉬운 자료는 찾을 수 없었다는 점이다. 금융기관들도 펀드 홍보만 치중한 채 정작 중요한 투자자들의 인식 변화나 교육에는 미흡하다는 생각이 들었다. 그래서 과연 어떻게 하면 일반 투자자들이 중위험 중수익 상품을 보다 쉽게 이해하고 투자에 성공할 수 있도록 할 것인가에 대해 많은 고민을 했다.

이 책은 지난 1년간 그러한 고민 끝에 나온 결과물로서 그간의 업무 지식과 더불어 고객 세미나와 자산관리 상담 등 현장에서 얻었던 경험을 바탕으로 쓰여졌다.

이 책의 가장 큰 목적은 누구나 쉽게 중위험 중수익 펀드를 이해할 수 있도록 하는 데 있다. 이를 위해 투자에 앞서 챙겨보면 좋을 확인사항들을 꼼꼼히 달아서 투자에 참조하기 쉽게 하였다.

또한 한 발 더 나아가서 시뮬레이션을 통해 중위험 중수익 펀드투자의 위험을 더욱 낮추는 저위험 중수익 구조의 이상적인 포트폴리오 구성과 관리방법에 대해서도 알려놓았다.

이와 같이 중위험 중수익 펀드 포트폴리오를 활용하면 평소 투자에 자신이 없던 이라도 연평균 4~7%의 적당한 수익을 안정적으로 얻어갈 것으로 자신한다. 이만하면 우리나라에서 불패신화로 꼽히는 수익형 부동산 투자의 임대수익률보다 높고 여기에 공실 위험 및 관리보수 부담까지 감안하면 더욱 매력적인 대안이라고 할 수 있다.

다만 자칫 딱딱하고 어려울 수 있는 중위험 중수익 펀드에 대해 쉽게 접근하기 위해 내용은 소설식으로 스토리를 입혀 최대한 풀어 썼다. 여기에 등장하는 재현, 득권, 준형 3명은 우리 주변에서 흔히 보는 평범한 40대 초반 직장인들이다. 그들이 멘토인 한민국 단장을 통해 접하는 다양한 에피소드와 더불어 보다 자연스럽게 내용을 이해할 수 있도록 했다.

아무쪼록 이 책이 어렵게만 느껴지던 중위험 중수익 펀드 투자를 한결 쉽게 하여 선장 없는 배처럼 재테크의 방향을 못 찾고 표류하는 이들에게 좋은 지침이 되기를 바란다.

끝으로 이 책의 출판에 있어서 많은 분들이 도움을 주셨다.

우선 존경하는 농협은행의 김주하 행장님, 평생의 스승이신 강창희 트러스톤 연금포럼 대표님, 이 책을 같이 기획한 농민신문사 최인석 부장님과 구영일 팀장님, 추천사와 설문조사에 도움을 주신 미래에셋자산운용의 이철성 대표님과 KB자산운용의 배성철 이사님, 펀드온라인코리아의 민주영 팀장님께 감사 드린다.

이 외에 이 책이 세상에 나오는 데 도움을 주신 많은 분들께 머리 숙여 감사의 인사를 드린다.

차 례

추천사

책을 내며

01 chapter
고령화 시대 최고의 재테크 대안, 중위험 중수익 펀드

1. [스토리] 오랜만에 한 데 뭉친 세 친구 … 18
2. [스토리] 40대, 희망과 불안이 섞인 시기에서 … 24
3. [스토리] 동문회에서 한민국 단장을 만나다 … 31
4. [스토리] 삼불현상을 고착화하는 대한민국의 인구 고령화 … 40
5. [스토리] 자산관리의 어려움을 극복하기 위한 해결책은? … 43
6. [스토리] 저금리 고령화시대 자산관리(1)-펀드투자에 대한 거부감을 없애자 … 47
7. [스토리] 저금리 고령화시대 자산관리(2)-기존의 펀드투자 방식을 바꾸자 … 49
8. [스토리] 저금리 고령화시대 자산관리의 대안투자상품-중위험 중수익 펀드 … 51
9. [스토리] 큰 돈을 벌어야겠다는 조급함이 불러 온 득권의 투자 실패 … 58
10. [스토리] 한 단장과 다시 만난 두 사람 … 67
11. [스토리] 안정적인 투자 VS 화끈한 투자, 과연 승자는? … 71
12. [스토리] 이미 과거부터 입증된 중위험 중수익 펀드투자 성과 … 75
13. [스토리] 행복한 미래를 위한 자산관리의 희망을 보다 … 81

02 chapter
중위험 중수익 펀드의 7가지 대표 유형 알아보기

1. 절대수익을 추구하는 롱-숏 펀드 … 92
2. 박스권 장세에 강한 커버드콜 펀드 … 112
3. 주식과 채권의 장점을 지닌 메자닌 펀드 … 124
4. 고령화시대에 주목받는 해외채권형 펀드 … 139
5. 공격과 수비의 조화, 자산배분형 펀드 … 152
6. 높은 현금수입과 분산투자의 미학, 인컴펀드 … 167
7. 다양한 수익구조의 ELF(주가연계펀드) … 178
8. 그 밖의 다양한 중위험 중수익 펀드 … 193
9. [스토리] 부동산 푸어의 함정에 빠진 준형의 아버지 … 196

중위험 중수익 펀드, 어떻게 골라야 할까?

03 chapter

1. 좋은 중위험 중수익 펀드란? ⋯ 206
2. 첫째, 성과가 안정적이고 꾸준한지 확인할 것 ⋯ 209
3. 둘째, 펀드의 수익-위험구조가 나의 투자성향과 맞는지 살필 것 ⋯ 217
4. 셋째, 나의 상황에 따른 세금 부담이나 절세효과도 감안할 것 ⋯ 219
5. 넷째, 매니저의 과거 경력과 역량을 확인할 것 ⋯ 222
6. 다섯째, 가입 전 같이 살펴보면 더욱 좋은 유형별 체크리스트 ⋯ 226
7. [스토리] 고령화 시대의 부동산 투자, 생각보다 위험하다 ⋯ 234
8. [참고] 금융 전문가들이 추천하는 8대 중위험 중수익 펀드 ⋯ 238

중위험 중수익 펀드투자, 두 배 잘 활용하기

04 chapter

1. 중위험 중수익 펀드 유형별 투자 적기 ⋯ 272
2. 저위험 중수익을 가능하게 하는 중위험 중수익 펀드 포트폴리오 투자 ⋯ 281
3. [스토리] 재현, 회사 구조조정으로 위기를 맞다 ⋯ 287
4. [스토리] 실연당한 득권 ⋯ 298
5. 중위험 중수익 펀드 포트폴리오 사후관리 방법 ⋯ 300
6. [스토리] 득권, 다시 출발하는 삶과 사랑 ⋯ 309

고령화 시대 최고의 재테크 대안
중위험 중수익 펀드

01
chapter

고령화 시대 최고의 재테크 대안
중위험 중수익 펀드

1 오랜만에 한 데 뭉친 세 친구

　　"전세계적으로 북극의 제트기류가 내려오면서 북반구에 이상한파가 몰아치고 있습니다. 미 동부지역에서는 최저 영하 35도의 한파로 올 들어 21명이 사망하였으며 약 5조원 가량의 경제적 손실이 발생한 것으로 추측하고 있습니다. 오바마 대통령은 성명을 통해…"

　　'후우~ 추워. 영하 35도라니… 15도만 해도 이렇게 추운데 그런 데선 어떻게 살지?'

　　2014년 1월, 박재현(41세)은 퇴근 후 대학 동창모임이 있는 여의도의 한 술집으로 향하고 있었다. 그해 겨울은 엄청나게 추워서 온도는 영하 15도 아래로 떨어지기 일쑤였는데 오늘은 눈마저 발목 높이까지 쌓이는 바람에 교통상황도 좋지 않았다.

평소 같으면 그냥 핑계를 대고 집으로 돌아갔겠지만 재현은 걸음을 재촉했다. 국내 굴지의 유통업체에 입사한 이후 오랫동안 장기 지방근무를 갔다 몇 달 전에 복귀한 터라 이번에 반가운 대학 동기들을 오랜만에 만나기 위해서였다. 얼어붙은 손을 불어가며 스마트폰을 켜 보니 이미 모인 친구들이 사진을 찍어 밴드에 올려 놓기도 했다.

재현이 약속장소인 술집에 도착하자 이미 주점의 반을 점령한 40여명의 동기들이 그를 향해 손을 흔들었다. 그 중에 재현과 특히 가까웠던 최준형과 김득권이 자리에서 일어나 손을 잡으며 반가워했다.

"재현아 여기야 여기, 야 이게 얼마 만이냐."

"오, 준형이와 득권이, 너희들 진짜 오랜만이다. 준형이 결혼하고 나서 못 봤으니 거의 6년만에 처음 보는거네. 오늘은 끝까지 한번 달려보자."

준형과 득권은 학창시절 재현과 특히 친했던 단짝 친구들이었다. 부산에 사는 어머니께서 음식을 가지고 오실 때마다 둘을 자취방으로 불러 나눠 먹을 만큼 인정 많던 준형은 광고대행사 카피라이터로 활동하고 있었다. 잘 생긴 외모와 유머감각으로 여학생들한테 인기가 많았던 득권은 국내 대형 증권사에서 회계업무를 보고 있었다.

재현이 숨을 돌리고 잠시 주위를 둘러보았다. 밖에서 떨면서 볼 때는 몰랐는데 따뜻한 술집 안에서 보이는 창 밖은 제법 운치가 있었다. 펑펑 내린 눈으로 하얗게 덮인 길과 빌딩들, 아직 치우지 않은 성탄절 트리와 반짝이는 전구들을 바라보고 있으니 학창시절 겨울 유럽으로 배낭여행을 갔던 옛 추억도 떠올랐다.

셋은 그동안의 소식을 확인하며 그간 못 나눈 회포를 풀기 시작했다. 장기 지방출장 후 복귀하면서 과장으로 승진했고 올해 큰아이가 초등학교에 입학한다는 재현과 올해에는 결혼할 거라는 노총각 득권의 말에 다들 박수를 치고 잔을 들어 축하해 주었다.

이야기가 한참 무르익을 무렵 옆에 앉아있던 동기 중 하나가 득권을 보며 말을 꺼냈다.

"그나저나 득권이 너는 학교 다닐 때에도 주식투자에 관심이 많더니만 끝내 증권사에 들어갔네. 요새도 주식투자 많이 하니?"

"그래, 맞아. 득권이 주식 고르는 눈이야 대단하지. 왜 우리 3학년 때 득권이가 등록금 낼 돈으로 증권주에 잠깐 투자해서 두 배로 불렸다며 술도 샀었잖아."

옆에서 준형이 맞장구를 치자 득권의 기분이 으쓱해졌는지 표정이 밝아졌다.

"하하… 뭘, 요즘도 주식 투자는 꾸준히 하고 있지. 작년 말에는 왜 주름 없애는 보톡스 만드는 기술을 개발한 바이오 주식에 투자했는데 한 달 동안 20% 정도 벌었어."

"와, 한 달에 20%라고, 역시… 그럼 요즘은 뭘 해야 돼? 좋은 주식 좀 집어 주라."

"그래, 우리도 돈 좀 벌자. 친구 좋다는 게 뭐냐."

재현과 옆에 있던 친구들이 재촉을 하며 그의 옆으로 자리를 당기자 득권이 쑥스러운 듯 하면서도 의기양양하게 말을 꺼냈다.

"알았어. 내가 좋은 종목 생길 때마다 밴드에 하나씩 띄워 놓을게. 그나저나 요즘은 기술주 중에서도 3D 프린터 관련주랑 IT 부품 관련주가 유망한데 예를 들어 요즘 스마트폰의 고급화로 내부 부품들은 물론이고 케이스도 고급화 되면서 말이야…"

예나 지금이나 돈 버는 이야기는 사람의 귀를 솔깃하게 하는 마력이 있다. 점차 득권의 말에 동기들이 하나 둘씩 귀를 기울이더니만 10분 정도 지나고 나니 대부분이 득권의 말에 귀를 기울이면서 동기 모임이 갑자기 득권의 주식 특강 분위기로 흘러갔다.

그때 갑자기 맞은 편에 앉아있던 동기 하나가 득권의 말을 가로막았다.

"야, 그래서 지금까지 넌 주식 투자해서 얼마나 벌었냐? 나도 주식은 좀 아는데 네가 하는 말은 신문에 이미 다 나온 옛날 이야기들 아냐? 그리고 아까 3D프린터는 정작 재료 만드는 외국기업들이나 돈 버는 거지 완성품 만드는 국내기업들은 마진도 거의 없다던데 넌 재무제표나 보고 투자하는 거냐?"

말이 끝나자 갑자기 분위기가 조용해졌다. 득권에게 쏘아붙이듯이 이야기하는 이 친구의 이름은 임정민. 성격이 직설적이고 자존심이 강했던 그는 학창시절부터 득권과 종종 티격태격하곤 했다.

"그리고 너희들 이런 이야기 너무 좋아할 거 없어. 나도 주식투자 동호회에 나가고 있는데 증권사에서 추천해 준 주식 투자해서 돈 벌었다는 사람들은 하나도 못 봤다. 몇 년 전에 증권사 지점에 3천만원을 맡기고 6개월 후에 보니 KOSPI는 10% 올랐는데 내 돈은 오히려 반토막이 났더라. 확인해 보니 하루에 몇 번씩 사고 팔면서 수수료만 챙겼더군. 하여튼 뭐 사라고 떠드는 증권사 직원은 다 사기꾼이야."

순간 가만히 듣고만 있던 득권이 얼굴을 붉히며 정민에게 한마디 했다. "야 너 말이 좀 심하다. 그럼 내가 지금 친구들한테 사기를 친다는 거야 뭐야. 그리고 주식이란 건 미래의 성장성을 보고 하는 거지 이미 다 알려진 재무제표나 보고 투자해서 성공할 거였으면 개나 소나 다 주식으로 돈 벌었겠다."

"뭐 이 자식아, 개나 소? 아 정말 가뜩이나 열 받는데 너 잘 걸렸다." 이 말과 함께 정민이 득권의 멱살을 잡으려고 손을 뻗었고 득권이 그걸 뿌리칠 때 앞의 테이블 하나가 넘어지면서 술잔과 먹던 안주가 바닥에 뒹굴었다.

화기애애하던 동기 모임이 갑자기 아수라장으로 바뀌자 급기야는 주점 주인에게서 주변 사람들에게 피해가 되니 나가달라는 요청이 왔다. 득권을 데리고 재현과 같이 술집을 빠져 나온 준형은 추운 날씨에도 열기가 느껴지는 득권의 등을 두드리며 말했다.

"아니 정민이 그 자식은 왜 그래? 듣기 싫으면 지 혼자 나가든가. 괜히 좋은 분위기 다 망치고 말이야⋯. 득권아, 기분 풀고 우리 셋이 한잔 더 하자."
세 사람은 그렇게 근처의 다른 호프집으로 자리를 옮겼다.

2 40대, 희망과 불안이
섞인 시기에서

새로 들어온 호프집에서 재현이 폭탄주를 만든다며 맥주잔에 소주를 집어 넣고는 숟가락으로 바닥을 '탁' 치자 거품이 보기 좋게 올라왔다. 그렇게 만들어진 폭탄주를 쭉 한잔 들이키자 희한하게도 뒷맛이 달착지근 해지면서 목에서 스르르 넘어갔다. 그렇게 잔이 채워졌다가 비워지기를 세 번정도 반복하자 득권의 얼굴도 조금씩 풀리기 시작했다.

득권이 쓸쓸한 미소를 지으며 재현과 준형을 쳐다보았다.

"아까는 내가 좀 그랬지? 괜히 애들한테 미안하네."

"네가 뭘… 정민이 걔가 웃긴 놈이지. 술 먹다가 갑자기 시비를 걸고 말이야."

"사실 정민이 저 자식 저럴 만한 이유는 있어. 걔 돈 반토막 낸 증권사 직원은 사실 내가 소개해 준 회사 동기였거든. 지점장이 실적 가지고 하도 들볶는 바람에 무리하게 매매를 했나본데 손해 본 고객들 항의 때문에 괴로워하다가 1년 전에 회사를 나갔어."

재현과 준형은 이제야 정민이 득권에게 왜 그렇게 불쾌감을 드러냈는지 이해가 되었다.

"그랬어? 정민이한테 그런 사연이 있구나. 그런데 네 동기도 책임은 있지만 한편으로는 안됐네. 그 친구는 다른 데 취직했어?"

"아니, 얼마 전에 통화했는데 일자리는 안 잡히고 그동안 퇴직금도 다 쓰다보니 이젠 살던 집을 팔아서 장사를 준비하고 있데."

"그건 너무 위험하지 않나? 얼마전에 뉴스를 보니까 자영업자 중에 절반 이상이 한 달에 100만원도 못 번다던데 말이야. 망해서 모아둔 돈만 날리는 사람들도 부지기수고."

"그러게 말이야. 나랑도 친했는데 그 일 이후부턴 정말 회사 다닐 기분도 안 나고 실제로 일 하기도 점점 힘들어. 솔직히 우리 취직할 때만 해도 금융업계가 월급도 세고 장래성도 좋다고 했지만 지금은 정 반대야. 그나마 나 같은 정규직은 자리라도 보전할 수 있지만 계약직들은 장난 아냐. 얼마 전 내 옆의 직원들 중에서도 3명이나 퇴사 통보를 받았어. 이 어려운 때에 위로금 한푼 없이 말이야."

숙연해진 분위기에 잠시 침묵이 흘렀고 이내 머쓱해진 득권이 갑자기 옆에 있던 재현에게 한마디 했다.

"난 네가 부럽다. L마트야 업계 최고의 대기업이고 그래도 유통업은 안정적이잖아."

"그건 속 모르는 소리야. 너희들 만큼은 아니지만 우리도 요새 많이 힘들어. 2008년 글로벌 금융위기 이후부터 경기가 확 죽으니까 생존경영이니 긴축운영이니 하는 말을 한 해도 안 들어본 적이 없어. 인원은 줄고 일은 많아지고, 그러면서도 성과 때문에 들들 볶이다 보니 회사에서는 하루도 마음 편하게 있어 본 날이 없는 것 같아."

"준형이 너는 어때?"

"나? 흐흐흐… 어떨 거 같냐? 회사가 어려우면 제일 많이 줄이는 게 광고니 마케팅 비용 아니겠어? 그나마 대기업 계열사들은 그룹에서 고정적인 일감이라도 나오지만 내가 있는 독립계 광고대행사는 이전 같으면 쳐다보지도 않던 일감들도 다 달려들 만큼 어려워졌지. 그나마 매달 1~2건씩 들어오는 아르바이트 덕분에 용돈 정도는 따로 벌지만."

득권이가 답답한 듯 앞에 있는 폭탄주를 쭉 들이키고는 푸념 섞인 한마디를 했다.

"후, 요즘 사는 게 왜 이렇게 퍽퍽한 지 모르겠다. 우리가 학교 다니면서 공부할 때만 해도 40대만 되면 좀 더 여유 있고 멋지게 살 수 있을 것 같았는데…. 나도 그렇지만 다들 갈수록 더 힘들어 하는 것 같으니 말이야. 준형이 넌 그래도 제수씨랑 맞벌이하니까 우리보다는 형편이 좀 더 나을 것 같았는데 말이지."

"꼭 그렇지도 않아. 유치원과 학교에서 돌아오는 애들 챙기려고 오후에 아줌마 한 명 쓰고 주말에는 와이프도 피곤하니까 대부분 외식으로 때우지, 맞벌이 한다고 부모님들도 더 많이 챙기다 보니 실제로 모으는 돈은 별로 없어."

"그럼 준형이 넌 미래에 대해 별로 걱정은 되지 않니? 난 얼마 전에 퇴직하고 한동안 못 본 선배한테 우리 회사의 마트 매장직이라도 좀 알아봐 달라던 전화를 받았어. 대기업에 다니면서 명예퇴직할 때만 해도 꽤 좋은 조건으로 나갔다던 선배가 막상 하던 일이 잘 안 풀렸는지… 그 전화를 받고 나니 갑자기 마음이 갑갑하더라. 남 일 같지도 않고."

재현의 걱정 어린 말에 준형이 딱하다는 듯 웃으며 말했다. "야 누가 A형 아니랄까봐… 옛날에도 그랬지만 재현이 넌 너무 걱정이 앞서 탈이야. 난 미래만큼이나 현재도 중요하다고 생각해. 물론 상황이 쉽지 않은 건 맞지만 앞으로 일어나지 않은 일에까지 걱정을 하다보면 인생이 너무 퍽퍽하지 않겠니?"

그런 준형의 말에 득권도 맞장구를 쳤다.
"나도 준형이의 말에 동감해. 가급적이면 미래를 긍정적으로 보는 게 좋다고 봐. 내 생각에는 그래도 국민연금 꼬박꼬박 들어가니까 아무리 고갈되네 마네 그래도 죽을 때까지 기본적인 돈은 나올테고, 나중에는 정년도 늘어나지 않겠냐?"
준형은 재현을 쳐다보며 다시 말을 이었다.

"난 재테크에 신경 쓸 시간에 일에 더 집중하는 게 맞다고 봐. 어렵게 모아봐야 요즘 은행 이자도 쥐꼬리 만한데 몇 푼 안 되는 돈으로 재테크 한다고 애써봐야 도움도 안 되잖아. 1,000만원 가지고 투자해서 10% 수익 내 봐야 100만원밖에 더 되니? 진급하고 인센티브 몇 번 받아 목돈 좀 모이면 상가나 오피스텔 사서 월세나 받는 게 훨씬 낫지. 힘들이거나 마음 졸이지 않아도 되고."

"……"

이런저런 이야기를 나누다 보니 벌써 시간이 자정을 넘겼다. 재현이 취기를 가누며 분위기를 정리했다. "딸꾹, 야, 우리 오늘 너무 마신 것 같은데 일단 오늘은 그만 하고 다시 모이자. 이제 지방에서 나도 왔으니 더 자주 보자구. 여기는 내가 낼게."

술집을 나오니 더욱 추워진 공기가 바람을 타고 몸을 에워싸 다들 자기도 모르게 몸이 움츠러들었다. 그 모습을 보던 준형이 갑자기 득권과 재현의 손을 쥐고 힘을 주며 외쳤다.

"우리 앞으로 자주 보고 힘들어도 좀 더 기운 내자. 분명 좋은 날이 올거야!"

항상 긍정적이고 밝은 이미지로 주변에 친구들이 많았던 준형의 한 마디에 두 친구들은 웃는 표정으로 헤어질 수 있었다.

택시에 오른 재현은 시트에 머리를 기댄 채 눈을 감았다. 술기운이 올라왔지만 추워서 그런지 잠은 오지 않고 그 대신 '과연 난 지금까지 무엇을 했을까?'라는 생각만이 머릿속을 맴돌았다.

비록 지난해 과장이 되긴 했지만 6년간 지방 근무한 것을 감안하면 사실 승진은 느린 셈이었다. 3억4천만원짜리 아파트를 구입하면서 낸 담보대출은 아직도 1억원이 넘게 남아 있는데 집값은 샀을 때보다 오히려 15% 정도 하락해서 거래도 잘 안되고 있다. 애들이 커가면서 늘어나는 과외비 때문에 돈 모으는 건 고사하고 빚 갚기도 어렵다며 와이프는 푸념만 늘어놓지 않는가.

'뭐 준형이 말이 틀린 건 아니지만 나 혼자 애쓴다고 인센티브가 턱턱 나오는 것도 아니고, 특히 내가 있는 유통업계는 오히려 구조조정 한다고 사람을 줄이는 마당인데 말이야. 물가는 오르는데 월급은 회사 비상경영이라고 2년째

동결됐다가 작년에 겨우 2.5% 올라가고…. 내가 과연 무엇을 할 수 있을까.'

집에 들어가서도 이 추운 날 웬 술을 이렇게 먹고 다니냐는 아내의 잔소리를 듣는 둥 마는 둥 하고 침대에 누웠는데 몸은 피곤하지만 희한하게 잠이 금방 오지 않았다. 아무리 생각해도 답이 나오지 않는 이 문제가 머릿속에서 떠나지 않아 한참을 뒤척인 후에야 겨우 잠이 들 수 있었다.

3 동문회에서 한민국 단장을 만나다

2014년 2월 14일 오후, 재현은 최근 일주일 동안 밤 11시 전에 퇴근해 본 적이 없을 만큼 바쁜 나날을 보냈다. 지난 달 대형 카드사들의 고객정보 유출사고에 따른 여파로 정보 보안에 대한 대책회의와 외부 감사 때문에 정신이 없는 가운데 그가 있는 CRM(고객관계마케팅) 부서도 고객 보안시스템 정비 개선명령을 받았기 때문이다.

"박 과장, 이번 주까지는 밤을 새서라도 끝내도록 하세요. 이거 잘못되면 당신이나 나나 회사 그만 다닐 각오를 해야 될 거야. 알았지?" 권 부장이 퉁명스럽게 재현에게 한 마디 건넨다.

올해 새로 부임한 권맹훈 부장은 잘 나가는 인사부 출신의 엘리트였으나 지난해 회사내 성희롱 문제 해결과정에서 문제가 생겨 좌천된 소위 '물 먹은' 케이스였다. 게다가 부임하자마자 민감한 일이 생기자 자칫 비슷한 사고라도 터지면 '재기가 불가능하다'는 두려움 때문인지 틈만 나면 부서 직원들을 닦달해 댔다.

이해가 안 가는 건 아니지만 가뜩이나 고생하는 부하직원에게 수고한다는 격려는 고사하고 오늘도 회사를 그만 둬야 하네 마네 하는 권 부장의 잔소리를 듣고 나니 반발심이 들었다.

'쳇, 일은 개뿔도 모르면서 닦달은…. 그런 식으로 부장하라면 개나 소나 다 하겠다.'

그때 갑자기 스마트폰이 울렸다. 살펴보니 준형이 보낸 카카오톡 메시지였다.

준형 : 친구들 잘 지냈나?

재현 : 나야 그렇지 뭐. 그나저나 웬 일? 술 한잔 하자구?

준형 : 아, 어제 우리 경상대학 동문회에서 연락이 왔는데 2월 22일에 청계산 산행을 한데. 시간 되면 같이 가자. 간만에 좋은 공기도 한번 쐬고 말이야.

재현 : 야 가도 되게 어색할 거 같은데…. 괜히 행사 가서 들러리만 서는 거 아냐?

준형 : 뭐 그렇게 생각할 수도 있겠지만 어차피 네트워크 시대 아니겠어. 이 기회에 다른 분야에 있는 선후배들 만나서 명함도 나누면 다 도움되지 않을까?

재현 : 역시 광고맨은 우리랑 마인드가 틀리다니까. 뭐 나쁠 일은 없겠네, 나는 콜~

득권 : 쩝, 나도 같이 갔으면 좋겠지만 그날 집에 일이 좀 있어서 참석 못할 것 같아.

준형 : 알았어. 재현이는 그날 9시까지 청계산 입구로 와. 사랑해~^^

재현은 준형의 넉살에 피식 웃음을 지었지만 이내 재빨리 스마트폰을 내려놓았다. 컴퓨터 보안기 화면에 권 부장이 스마트폰을 만지는 재현을 못마땅하게 쳐다보고 서있는 모습이 비쳤기 때문이다.

드디어 약속한 2월 22일 토요일 아침, 재현은 약속시간보다 20분 늦어서야 청계산 진입로에 겨우 도착했다. 요즘 불편해진 부장의 심기를 맞추느라 어젯밤 부서 직원들과 늦게까지 술을 먹어야 했기 때문이다. 특히 재현은 부서 신참으로 술자리의 주목을 받다보니 중간에 도망도 못 치고 새벽 2시까지 술을 마셔야 했다.

모임 장소인 원터골 주변의 한 오리집 앞에 정시보다 30분 정도 늦게 도착한 재현이 앞에 서 있는 준형을 보며 손을 흔들었다. 재현을 본 준형은 시계를 한번 보더니만 재현의 머리를 한 대 쥐어박듯 시늉하며 핀잔을 주었다.

"야, 빨리 좀 오지. 아는 사람이라고는 거의 없으니까 혼자 정말 뻘쭘했잖아."
"미안, 어제 부서원들하고 회식했는데 아직 술이 안 깼다. 그나저나 사람들이 꽤 많네."

'2014년 ○○대학교 경상대학 동문 춘계산악회'라는 플래카드 앞에 모인 사람들은 대략 100여명 정도. 총동문회도 아닌데 이 정도의 인원이 모인 것이 재현은 놀라웠다. '몇 년 전 학교 재단이 모 기업에 인수되면서 동문회가 살아나고 있다는 이야기는 들었지만 이 정도일 줄이야…
대단한걸.'

9시 30분에 동문회장이 "2014년 ○○대학교 경상대학 동
문 춘계 산악회를 시작하겠습니다!"라고 외치자 주변에서
박수가 터졌다. 이어 총무가 코스와 일정을 알리고 협찬 받
은 물품을 나눠주자 준형과 재현은 일행을 따라 산을 올라
가기 시작했다.

아직 쌀쌀한 기운은 남아 있지만 그래도 등산로 옆에는
막 돋아나는 새싹과 터지기 시작한 꽃망울이 다가오는 봄
을 알리고 있었다. 모처럼 따스한 봄 기운을 받은 청계산이
내뿜는 상쾌한 공기를 마시면서 재현은 매일 좁은 사무실
에서 컴퓨터만 쳐다보며 받던 긴장감이 스르르 풀리는 듯
한 느낌을 받았다.

주위를 보니 봄 내음이 나기 시작한 청계산을 찾은 등산
객들도 꽤 많았다. 봄에 어울리는 연두색과 핑크톤의 등산
복으로 멋을 낸 사람들을 보자 집에 남아있을 아내와 아이
들도 같이 왔으면 좋았을 걸 하는 생각이 들었다. 숲길로
들어서며 길 위에 쌓인 젖은 낙엽 때문에 바닥이 좀 미끄

러웠지만 나뭇잎이 머금은 물기가 햇살에 반짝거리는 모습도 나름대로 운치가 있었다.

하지만 그런 생각도 잠시뿐, 한 시간쯤 지나자 재현은 후들거리는 다리를 힘겹게 옮기며 숨을 헐떡거렸다. 원터골입구에서 옥녀봉 등반 후 하산까지는 2~3시간에 끝나는쉬운 코스였지만 요즘 운동 부족으로 살이 찐 데다가 어제과음의 후유증까지 겹쳤기 때문이다. 마치 비가 오는 것처럼 이마에서 땀이 주르륵 흘러내렸다.

"야, 너 괜찮냐? 상태 보니까 아무래도 안되겠는데 우리저기에서 5분만 쉬었다 가자." 준형이 걱정스러운 듯 말을건네자 재현은 멍한 표정으로 고개만 끄덕거렸다.

바위 위에 걸터앉아 한숨 돌리자마자 재현은 타들어 가는 듯한 갈증과 더불어 울렁거리는 속 때문에 너무 괴로워했다. "아, 속이 너무 울렁거리는데 혹시 물 더 없니?"
"아니, 아까 마신 게 그게 전부야. 이럴 줄 알았으면 좀 더가지고 올 걸…"

준형이 난처해하며 주위를 둘러보던 그때 맞은 편에 앉

아있던 한 남자가 "여기 물이 한 통 남았는데 드시겠어요?"라며 병을 건넸다. 급한 마음에 말없이 병을 받은 재현은 단숨에 한 병을 전부 들이켰다.

준형은 물을 건네준 남자의 손에 동문 산악회에서 나눠준 등산장갑이 끼어 있는 것을 보고는 대학 동문임을 알 수 있었다. 그는 앞에 있던 남자에게 감사의 인사를 했다.

"정말 감사합니다. 선생님은 혹시 ○○대학 동문회에서 오셨나요?"

"네, 맞아요. 그렇지 않아도 두 분이 끼고 있는 등산장갑을 보고 동문들일 거라고 생각해서 물을 드렸는데 잘 했네요. 경제학과 87학번 한민국이라고 합니다."

앞의 남자가 악수를 청하자 준형과 재현은 살짝 놀라며 두 손을 공손히 내밀었다.

"앗, 과 선배님이시네요. 반갑습니다. 저는 93학번 최준형이라고 합니다."

"선배님 잘 마셨습니다. 경제학과 93학번 박재현이라고 합니다."

"반가워요. 그럼 이제 숨도 돌렸으니 슬슬 출발해 볼까요? 같이 올라갑시다."

두 사람은 다시 몸을 일으켜 선배와 같이 산을 오르기

시작했다. 재현이 약간 걱정스럽긴 했지만 다행히 옥녀봉까지 거리는 20분도 채 남지 않았고 경사도 이전보다는 완만해졌다. 재현이 잘 따라오는 것을 확인한 준형이 옆의 선배에게 말을 건넸다.

"저, 실례가 안된다면 선배님은 어떤 일을 하시는지 여쭤봐도 될까요?"
"전 지금 은행에서 고객 자산관리 업무를 하고 있어요. 구체적으로는 은행 고객들이 자신의 목표와 각각의 상황에 맞게 돈을 관리할 수 있도록 계획도 짜고 투자 정보를 드리거나 절세방법을 알려드리는 등의 일을 말하죠."

한민국은 국내 굴지의 MH은행 본점에서 고객 자산관리를 돕는 WM(Wealth Management)사업단장을 맡고 있었다. IMF 외환위기 이후 금리가 빠르게 낮아지면서 당시만해도 생소했던 펀드시장의 장래성을 간파한 그는 자산관리업에 대한 관심을 가졌다고 했다.

특히 IT 버블붕괴와 카드사태로 고객들의 자산이 반토막나는 모습을 보면서 앞으로의 저금리 시대에 안정적으로고객 자산을 관리해 줄 수 있는 펀드투자 컨설팅에 관심을 가지고 야간 대학원을 다니면서 논문도 썼다. 그런 그의 노력 덕분에 현재는 이 분야에서 MH은행의 간판스타로서 방송출연이나 언론기고는 물론이고 서민층 금융교육 같은 사회 봉사활동도 활발하게 하고 있었다.

"대단하십니다. 전문가로서 유명하신 선배님과 이렇게 등산을 같이 하게 되니 영광이네요. 그런데 정말 요즘 40대가 되면서 애들 양육비 마련이나 노후 준비 걱정으로 재테크에 신경이 더욱 많이 쓰입니다. 하지만 쥐꼬리만한 이자만 주는 예금에 툭하면 손해가 나는 주식이나 펀드, 급매물로 내놓아도 도통 팔리지 않는 아파트…. 요즘은 돈을 어디에 어떻게 굴려야 할지 모르겠어요."

요즘 재테크에 대해 걱정이 많았던 재현이 푸념처럼 말을 늘어놓았다.

"맞아요. 재테크에 관심을 가지기 시작한 지 얼마 안되는 30대에서 40대 직장인이라면 대부분 비슷한 고민을 이야기하죠. 부모님이나 선배들처럼 부동산이나 주식을 꾸준히 사 두거나 아니면 그냥 은행에 저축만 부지런히 해도 돈을 벌 수 있었던 과거와 달리 지금 같이 삼불(三不)현상이 심할 때에는 뭘 해도 돈 벌기가 어려우니까요."

"그런데 선배님, 아까 말씀하신 삼불현상이 도대체 무슨 뜻인가요?"

"금융위기를 겪은 이후로 경제가 불(不)황에서 좀처럼 못 벗어나다 보니 근로소득이나 사업소득은 좀처럼 늘지 않고, 이자수입은 불(不)만족스러운 금리 때문에 되려 줄어들고 있죠. 거기에 투자환경이 불(不)안해 지면서 과거에 비해 투자로 돈을 벌기도 더욱 어려워졌죠. 이런 상황을 표현한 말입니다."

4 삼불현상을 고착화하는 대한민국의 인구 고령화

한 단장의 말은 이랬다. 과거 70년대에서 90년대 후반까지는 경제 성장에 비해 일할 인력이 모자라다 보니 웬만하면 고용이 보장되었고 호봉과 더불어 소득도 계속 올라갔다. 이때 부동산이나 삼성전자 같은 우량주에 꾸준히 투자한 이들은 현재 부자의 대열에 서게 되었고 그냥 저축만 했더라도 금리가 꽤 높아서 노후가 문제되지 않을 만큼의 목돈은 쥘 수 있었다.

하지만 1997년 말 IMF 외환위기를 겪은 이후 기업들이 외형 성장 대신 수익중심의 경영을 펼치자 근로소득은 과거처럼 안정적이지 않게 되었다. 40대 중반부터 조직의 압박에 못 이겨 끝내 명예퇴직을 당하거나 남은 이들도 임금피크제 등으로 연봉이 오히려 깎이는 사례가 점차 늘어나고 있기 때문이다.

그래도 2000년부터 2007년까지는 투자를 통해 큰돈을 벌 기회가 있었다. 이자율이 크게 떨어지고 글로벌 경기가 좋아지면서 부동산과 주식가격이 상승했기 때문이다. 아파트 가격은 신도시 개발 붐과 더불어 전국적으로 2배 가까이 상승했고 금융주를 제외한 국내 업종 대표기업들의 주식 가격은 보통 3~4배에서 많게는 10배 넘게 오르기도 했다.

해외에서도 값싼 인건비로 만들어진 '메이드 인 차이나' 제품들 덕에 물가 부담은 낮아진 가운데 부동산 값이 오르면서 왕성해진 미국의 소비 덕분에 많은 기업들이 호황을 누렸다. 2007년 당시 해외 주식형 펀드의 3년 누적 수익률은 60%에서 많게는 200%가 넘기도 했는데 이 중 중국 주식형 펀드는 최고의 스타펀드로 자리잡았다.

하지만 2008년 글로벌 금융위기 이후 상황은 완전히 달라졌다. 미국의 중앙은행인 FRB(연방준비제도이사회)에서 돈을 찍어 금융기관들을 구제하면서 위기는 모면했지만 미국의 소비 위축으로 수출이 어려워지자 중국 등 신흥국과 유럽 국가들은 재정을 풀어서 경기를 부양했다.

결국 그 후유증으로 유럽 재정위기와 신흥국 금융불안, 중국의 과잉산업 구조조정 등 부작용이 주기적으로 터져 나왔다. 게다가 경기가 살아나는 미국은 이제 금리를 높이고 풀어놓은 돈을 거둬야 할 일이 남았는데 이에 대한 불안과 우려의 목소리들이 많다. 실제로 2013년 6월에 이를 처음으로 언급하자 전세계 금융시장이 혼란에 빠진 적도 있었다.

이렇듯 글로벌 경제구조가 불안하다 보니 주식, 채권 등 금융시장이 주기적으로 폭락과 불안을 반복하면서 투자자들도 지치는 가운데 투자심리도 그다지 좋지 않게 되었다. 최근 미국 경제의 회복과 증시 상승에도 불구하고 투자자들이 과거보다 투자에 소극적인 이유가 여기에 있다.

엎친데 덮쳐 초저금리라는 말이 어울릴 만큼 금리는 더욱 가파르게 떨어졌다. 한국의 시중 금리는 갈수록 떨어져

2014년 2월에는 금융소득세 15.4%를 빼고 나면 손에 쥐는 실질이자율은 2%대 초중반밖에 되지 않았다. (2015년에는 드디어 1년만기 은행 정기예금이 연 2%대를 하회하기 시작했다)

문제는 이런 삼불현상이 앞으로도 계속 될 가능성이 매우 높다는 것인데 그 가장 큰 이유는 바로 인구 고령화 때문이다. 사회가 고령화 될수록 생산력은 떨어지고 소비는 줄어들기 때문이다. 20년 넘게 돈을 풀어도 경제가 살아나지 않는 일본과 한때 복지 천국이었으나 그 후유증으로 현재 저성장의 늪에서 헤어나지 못하는 유럽이 그 예이다.

5 자산관리의 어려움을 극복하기 위한 해결책은?

그때 재현이 한 단장을 보면서 말했다. "선배님 말씀에는 저희들도 공감합니다. 그런데 이런 이야기를 들을 때마다 솔직히 열심히 해야겠다는 마음보다는 오히려 갑갑한 생각이 들어요. 이렇게 돈 불리기가 힘든데 매스컴에서 노후를 대비하려면 8억~10억원 정도가 필요하다고 떠들 때마다 듣고 나면 솔직히 기운이 쫙 빠집니다."

"저도 그건 인정해요. 하지만 그렇다고 하나뿐인 내 인생과 미래를 포기하고 살 수는 없잖아요. 여하튼 이에 대한 대안은 딱 세 가지예요. 그 중 하나는 돈을 더 벌기 위해 최대한 경제활동을 오래 할 수 있는 방법을 찾는 것이죠. 예를 들어 직장에서 전문성을 인정받을 수 있도록 자기계발을 한다든지 또는 취미를 살려 은퇴 후 직업으로 연결해 나가는 등의 노력이 필요합니다."

재현이 맞장구를 쳤다. "맞습니다. 요즘은 그것 때문에 출근 전이나 퇴근 후, 심지어는 주말까지 시간을 쪼개서 학원을 다니고 자격증을 따거나 외국어 등 스팩을 넓히려고 자기계발 중인 친구나 선후배들이 정말 많아졌죠."

"또는 감당할 수 있는 선에서 저축을 더 늘릴 수도 있겠죠. 간단히 생각해도 금리가 연 2%에서 1%로 줄어들면 저축을 2배로 많이 해야 받는 이자가 똑같아 질 테니까요. 그런데 이게 만만치 않은 이유가 앞서 물가는 오르고 살면서 쓸 돈도 많아지지만 불황 때문에 근로소득이나 사업소득은 그만큼 늘어나지 않는다고 했잖아요. 이 상황에서 과연 저축을 더 늘리는 건 둘째치고 유지라도 할 수 있을까요?"

"어휴, 저도 그건 해결책이 아닌 것 같네요. 인생에 한 번

밖에 없는 젊은 시절을 돈에 얽매여서 전혀 즐기지도 못하고 버리긴 싫어요."

준형이 손사래를 치며 말하는 걸 본 재현은 역시 준형다운 반응이라고 생각했다.

"마지막 세 번째 방법은… 잠시만요, 지금 거의 정상에 다 온 것 같네요." 한 단장의 말에 앞을 바라보니 눈 앞에 옥녀봉이라는 안내판이 들어왔다. 안내판이 있는 공터 주변으로 삼삼오오 등산객들이 모여있었는데 개중에는 아직 녹지 않은 눈 위에 나뭇가지로 하트와 자신들의 이니셜을 그리며 애정을 과시하는 커플들도 눈에 띄었다.

옥녀봉 정상은 다른 곳보다 제법 넓어서 쉬어가기 좋았다. 준형이 숨을 고르고 앞을 바라보자 과천 경마장이 한눈에 들어왔다. 정상에서 맑은 공기와 더불어 탁 트인 경치를 즐기는 것, 사람들이 등산을 좋아하는 가장 큰 이유가 바로 이것 때문이 아닐까. 그때 한 단장이 초코바를 꺼내 재현과 준형에게 나눠주며 말을 건넸다.

"그나저나 재현씨는 컨디션 좀 괜찮아요?"

"네, 많이 좋아졌습니다. 선배님 이야기를 집중해서 듣다 보니 별로 힘든 줄 모르면서 올라왔네요. 그나저나 과 선배님이신데 말씀 편하게 하십시오."

"허허…, 그럼 초면이긴 하지만 뭐 과 후배님들이니까 지금부터는 편하게 할게."

"네. 선배님 저희도 그게 편합니다. 그나저나 아까 말씀하시다가 만 세 번째는 뭔가요?"

"아, 내가 말을 하다 말았지. 세번째는 내 손에 들어오는 돈을 더 많게 하는 거야. 그러기 위해서는 세금을 아끼거나 투자를 해서 수익률을 높이는 거지. 이 중에서 나는 특히 펀드투자를 권유하고 싶어. 아무래도 직접투자보다는 덜 위험하면서도 적은 돈으로 미국이나 중국처럼 해외에도 투자할 수 있으니까."

그때 준형이 말을 가로막고는 푸념 섞인 투로 한 마디 던졌다. "결국 선배님 말씀은 펀드투자를 또 하라는 이야기신 것 같은데… 솔직히 그건 좀 아닌 것 같아요. 2007년에도 노후자금 마련을 위해 투자를 해야 한다는 전문가들 말을 듣고 펀드에 투자했다가 7년이 지난 지금까지 원금도 못 건진 통장이 한 두 개가 아니에요."

6 저금리 고령화 시대 자산관리(1)
–펀드투자에 대한 거부감을 없애자

거부감을 보이는 준형을 보며 한 단장은 이미 예상했다는 듯 웃으며 말을 받았다.

"맞아. 솔직히 내가 강의장에서 청중들에게 이런 이야기를 하면 지금처럼 결국 펀드에 가입하라고 종용하는 것 아니냐며 거부반응을 보이는 사람들이 꼭 있어. 그렇다면 초저금리 상황에서 수익성을 높일 수 있는 방법이 과연 투자하는 것 말고 뭐가 있을까?"

단호한 한 단장의 말에 준형이 다시 말을 건넸다. "저도 선배님 말씀이 잘못되었다거나 저희들에게 펀드를 팔려고 하시는 거라고 오해해서 그런 건 아닙니다. 하지만 선배님이 좀 전에 글로벌 금융위기 이후부터 투자 환경도 불안해졌다고 말씀하셨는데도 투자를 해야 한다고 하신 게 솔직히 이해가 잘 되지 않았어요."

"하지만 내 말은 환경의 변화 때문에라도 앞으로 싫든 좋든 투자를 할 수밖에 없다는거야. 예를 들어 저금리 고령화

1_고령화 시대 최고의 재테크 대안, 중위험 중수익 펀드

가 심각한 일본에서는 펀드 규모[1]가 2000년에는 12조 엔 정도였지만 2012년에는 50조 엔을 넘기며 거의 4배 가량 성장했지. 일본인들이라고 펀드 투자가 좋아서 했겠어? 초 저금리로 더이상 은행 예금으로만 재테크를 할 수 없어서 할 수 없이 펀드에 눈을 돌린 거야."

준형을 쳐다보는 한 단장이 목소리에 힘을 주며 말을 이었다. "우리도 고령화 때문에 저금리가 심해질수록 이런 압박도 더욱 커질 걸. 시험이 어려워지면 공부를 열심히 하는 것이 가장 근본적인 대안이듯이 자산관리에서도 상황이 이렇다면 어렵다고 피하지만 말고 투자에 더 많이 관심을 가지고 공부하는 것이 정답이라고 봐."

재현이 맞장구를 치며 말을 거들었다. "선배님 말씀을 듣고 나니까 군대 격언 중에 '피할 수 없으면 즐기라'는 말이 생각나네요."

"그렇지. 그런데 정말 안타까운 건 뭔지 알아? 투자가 그다지 필요하지 않은 부유층들은 투자에 호의적이고 적극적

---

1) 2012년 12월 일본 투자신탁협회에서 발표한 공모투자신탁(MMF 제외) 순자산 기준

인 반면 정작 미래를 위해 투자가 꼭 필요하고, 더 많이 고민해야 하고 공부해야 하는 중산층이나 서민들은 오히려 투자에 대해 부정적 반응을 보인다는 점이지. 마치 우리 사회에서 왜 부익부 빈익빈이 심해지는 지를 단적으로 보는 것 같아 씁쓸한 생각도 들어."

한 단장이 이번에는 재현을 쳐다보면서 설명을 했다. "물론 과거 금융기관에서 펀드 투자를 많이 권유했고 글로벌 금융위기 때 손해를 많이 본 것도 맞아. 그런데 난 그 원인은 펀드 투자 자체가 잘못된 것이 아니라 그 방법이 잘못되었기 때문이라고 봐. 과거에 의사가 오진한 적이 있다고 진료 자체가 필요없다는 건 말이 안되는 것처럼 투자 자체를 거부하는 것보다는 어떻게 하면 제대로 할 건가를 고민하는 게 맞지."

7 저금리 고령화시대 자산관리(2)– 기존의 펀드투자 방식을 바꾸자

한 단장과 재현 일행은 옥녀봉 정상을 뒤로 하고 다시 길을 내려가기 시작했다. 동문행사가 1시간도 채 남지 않은 만큼 서둘러 내려가던 중 그동안 듣고만 있던 재현이 한 단장에게 질문을 던졌다.

"선배님은 그럼 저희 같은 일반인들이 앞으로 어떻게 펀드 투자를 해야 한다고 생각하시나요?"

"좋은 질문이야. 일단 투자는 길게 해야 해. 조금만 수익이 나면 곶감 빼먹듯이 투자를 중단하거나 반대로 약간만 불안한 모습을 보여도 기껏 투자한 펀드를 팔아버리는 식으로는 결코 큰 돈을 만들 수 없어."

"물론 저도 처음에 투자할 때는 그렇게 생각했지만 막상 주가가 떨어져서 펀드에서 손실이 나는 걸 보면 도저히 불안해서 가만 있지를 못하겠더라고요."

"문제는 그거야. 투자에서 얻는 높은 수익이 알고 보면 미래에 대한 불확실성의 대가인 셈인데 정작 이로 인해 가격이 떨어지면 심리적 불안과 편견에 사로잡혀 성급히 팔아버려 실패하게 되지. 그런데 어찌 보면 너무 당연하기도 해. 금융위기 때처럼 금쪽 같은 돈이 한 달도 안되어 10~20%씩 늘었다 줄어드는 걸 보면서도 아무런 불안감 없이 태연하게 기다릴 수 있는 강심장이 과연 몇 명이나 되겠어?"

한 단장이 길을 막고 있는 돌을 옆으로 걷어내면서 말을 계속 이었다.

"그나마 금융위기 이전에는 고수익 상품인 주식형 펀드

에 투자한 다음 참고 기다리면 성공할 수 있었어. 당시 글로벌 경제는 빠르게 성장하면서 물가도 안정되었던 덕에 기업이익도 상당히 좋았기 때문이지. 하지만 지금은 미국을 제외하면 전 세계가 경기 둔화에 빠져 기업 이익도 좀처럼 좋아지지 않고 있지. 여기에 고령화가 심한 일본이나 대만을 보면 주가지수가 아직도 1990년 초 고점에 한참 밑돌고 있어. 고령화의 늪에 빠진 국내증시도 전반적인 상승세는 점점 타기 어려워질 거야."

이번에는 한 단장이 고개를 끄덕거리는 재현을 쳐다보면서 웃으며 말했다.

"따라서 펀드 투자를 오래 해서 목돈으로 불려 나가려면 장기적으로 유망하면서 약간 심심할 정도로 가격의 등락이 작은 것이 좋아. 그래야 흥분과 불안감에 사로잡히지 않고 예금처럼 편하게 투자할 수 있지. 결국 최소한 물가상승률과 정기예금 이자율보다는 높되 안정적이면서도 적절한 수익을 내 주는 중위험 중수익 펀드가 답이지."

8 저금리 고령화시대 자산관리의 대안투자상품—중위험 중수익 펀드

"중위험 중수익 펀드요?" 재현이 생소한 듯 머리를 갸우뚱하며 되

물었다.

"응, 수익률은 최소한 정기예금 이자율보다 높은 수준에서 대박의 기회를 포기하는 대신 가격 변동성을 낮춘 펀드를 말하지. 따라서 이 펀드들의 기대 수익성과 가격변동에 따른 손실위험은 주식형 펀드와 정기예금의 중간 정도라고 보면 돼."

"아하, 그럼 중위험 중수익 펀드에 투자하면 자기가 감당할 수 있는 만큼의 위험만 지는 대신 수익도 너무 높지 않게 적당한 만큼 내는 거라고 이해하면 되나요?"

준형의 질문에 한 단장이 뿌듯한 표정을 지으며 대답했다.

"맞아. 준형 후배님이 아주 정확히 이해했군. 여하튼 최근 5년간 과거 인기상품이었던 주식형 펀드의 가입규모가 40% 가까이 감소한 반면 중위험 중수익 펀드는 오히려 2배 이상 늘어났지. 이렇게 된 이유가 뭐라고 생각해?"

두 사람 모두 침묵하고 있자 한 단장이 웃으며 다시 말을 계속했다.

"예를 들어 금융위기 이전에는 내가 상담한 고객들의 질문이 주로 '여기에 투자하면 몇 %나 먹을(수익을 낼) 수 있나?'였어. 내가 만약에 있을지 모를 손실 위험을 줄이기 위해 다른 펀드들에 나누어 투자하자고 하면 '돈 벌려고 투자

하는 거지 잃을 걱정하면 뭣하러 투자하냐?'며 핀잔을 주
는 이들도 많았지."

"맞습니다. 그러고 보니 그때는 사람들이 기대하는 수익
률도 되게 높았던 것 같아요. 주변에서는 당장 중국에 투자
하면 몇 년 안에 두 배는 불릴 수 있다고도 했었고 대체로
1년에 20% 정도는 수익을 낼 수 있다고 했었으니까요."

"그렇지. 그런데 최근에는 질문의 형태가 '이거 지금 투자
해도 안전해요? 괜찮나요?' 라는 식으로 바뀌었어. 과거 두
차례 큰 폭락장을 겪으면서 수익률만큼 안전성도 중요하게
생각하는 등 투자자들의 인식이 바뀌었기 때문이야. 앞으
로 예금에 비해 수익성이 높고 주식에 비해 손실위험은 낮
은 중위험 중수익 펀드가 투자의 대세가 될 거야."

이런저런 이야기들을 나누다 보니 어느새 산을 다 내려
와 회식장소에 도착했다. 계단 아래의 나무 틈새로 동문회
총무가 손을 흔들며 서 있었고, 옆에는 이미 등산을 끝마
친 사람들이 삼삼오오 모여서 내려오는 사람들을 기다리거
나 담배를 피우는 모습이 보였다.

회식장소에 도착한 후 한 단장은 재현과 준형에게 미소
를 지으며 명함을 건네었다. "오늘 같이 해서 반가웠어. 내

명함이고 오늘 못 다한 이야기는 궁금하면 연락해. 회사 근처로 오면 내가 저녁 쏘지."

"오늘 만나뵈서 저희가 영광이었습니다. 감사합니다, 선배님."

이어 한 단장은 동문회 총무의 안내를 받으며 임원들이 있는 앞 테이블로 들어가 자리에 앉았다. 잠시 후 동문회가 시작되면서 분위기는 점차 무르익어갔다. 막걸리 잔이 돌면서 오후 2시 동문회가 끝날 때에는 취기가 살짝 올라왔다.

재현은 준형과 헤어진 후 지하철을 타고 귀가하면서 스마트폰을 꺼내 'MH은행 한민국'으로 인터넷을 검색해 보았다. 그러자 "MH은행 한민국 단장, 5년 연속 대한민국 베스트 PB(프라이빗뱅커) 선정"이라는 기사와 더불어 그 아래에는 한 단장이 신문에 기고하거나 방송에 출연한 기사들이 여러 개 있었다.

그 중 한민국 선배가 가장 최근에 쓴 '중위험 중수익 펀드'에 관한 칼럼이 눈에 띄었다. 재현이 그 글을 열어 보니 다음과 같은 내용이 적혀 있었다.

저금리 고령화 시대 일본인들이 선택한
자산관리의 대안은 중위험·중수익 펀드

과연 우리보다 삼불현상을 먼저 경험한 일본인들은 이를 극복하기 위해 어떤 대안을 선택했을까? 1990년대 버블 붕괴 이후 일본인들의 주식 투자규모는 크게 줄어든 반면 현금이나 예금 보유비중은 꾸준히 늘어났다. 초저금리에도 불구하고 일본 가계의 높은 안전자산 선호도가 줄어들지 않는 이유는 버블 붕괴 및 장기불황으로 커진 투자 불안감과 더불어 고령화에 대한 부담 때문이었다.

하지만 2000년 이후 그런 일본인들의 재테크 패턴이 조금씩 변화하기 시작했다. 물론 초저금리에도 꾸준히 예금에 돈이 몰리는 현상은 여전했지만 이와 더불어 고령자들의 투자비중이 높아지고 투자자들의 위험 선호도가 오히려 증가하는 성향을 보였다.

이런 이유는 퇴직자들이 장기 주택 융자의 부담에서 해방되면서 여유가 생긴 가운데 퇴직금 등 목돈을 운용해서 그 수익이나 이자로 생활비를 충당하고 싶지만 은행에 예치할 경우 초저금리 때문에 원금을 까먹지 않는 한 그러기가 불가능하기 때문이다.

그 증거로 일본 총무성에 따르면 60대로 접어들면서 주식이나 채권과 같은 유가증권 투자자의 비율이 오히려 늘고 있다고 한다. 이 중 일본의 베이비 부머인 단카이세대(2014년 현재 65~68세)들은 60대로 접어들면서부터 투자자 비율이 과거 5~10살 윗 세대들보다 높은 것은 물론이고 50대일 때에 비해서도 25%가량 급증하는 모습을 보였다.

단 1990년대와 달라진 점은 펀드 등 신탁상품의 경우 과거처럼 주식 비중이 높은 것들보다는 일본보다 금리가 높은 해외채권 등의 비중이 높은 것들이 인기를 끌고 있다는 것이다. 다시 말해 예금에 비해 적당한 초과수익을 내면서 금융시장이 불안할 때는 속된 말로 다소 덜 깨지는 중위험 중수익 구조의 상품들이 대세가 되었다.

초기의 중위험 중수익 펀드는 일본 국내 예금보다 몇 % 더 높은 수익을 얻는 대신 환율 변동시 손실위험이 있는 해외채권에 투자하는 펀드가 주류를 이루었다. 그런데 시간이 지나면서 초저금리가 심해지자 투자하는 스타일이 공격적으로 바뀌었다. 예를 들어 해외채권 투자도 2000년대 초반까지는 선진국 채권 위주였으나 점차 시간이 지나면서 고금리 신흥국 채권의 비중이 늘어났다.

2008년 글로벌 금융위기 이후에는 제한적이나마 배당주 같이 위험도가 한 단계 높은 상품으로 투자대상을 넓힌 글로벌 인컴펀드가 1조엔의 순자산을 모으기도 했고 고배당 주식이나 우선주, 그리고 리츠 등에 투자하는 동시에 콜옵션을 팔아서 현금수입을 최대한 늘리는 커버드콜 펀드에도 많은 자금이 몰렸다.

아예 한술 더 떠서 해외채권에 투자하되 통화를 자기 마음대로 선택하여 환율에 베팅하는 더블데커 펀드(Double Decker Fund)도 인기가 높다. 예를 들어 투자는 미국 고금리 회사채에 하되 달러 대신 브라질 헤알화 가치가 올라가면 환차익이 나는 식으로 해외채권 투자시 고금리와 더불어 환율 변화에 따른 수익도 동시에 노리는 상품이다.

이처럼 시간이 지날수록 점차 더 위험이 높은 투자상품이 인기를 끄는 이유는 투자위험을 감수하더라도 더 높은 수익을 내기 위한

'하긴, 벌이가 없어지면 어떤 식으로든 있는 돈은 적게 까먹으면서 생활비는 마련해야 하고 그러려면 투자에 신경을 안 쓸래야 안 쓸 수 없겠군. 어차피 인구 고령화 속도야 우리가 더 빠르니까 성장속도도 더 느려질 테고… 앞으로 재테크를 제대로 하려면 중위험 중수익 펀드를 잘 알아야 겠는걸.'

집에 돌아온 재현은 산행으로 흠뻑 젖은 몸을 씻자마자 저녁도 먹지 않고 잠이 들어 다음 날 오전 11시가 다 되어서야 겨우 깨어났다. 일요일만 되면 찾아오는 우울증이지만 요즘 회사 일 때문에 이날은 특히 더 심해지는 것 같았다. 내일부터 시작될 주중 5일이 50일처럼 길게 느껴졌다.

"그래, 한 선배가 이야기한 것처럼 이럴수록 시간을 내서 주말에라도 재테크 공부를 좀 해야지. 어디 인터넷에서 정보라도 좀 찾아볼까?"

　재현은 갑자기 생각난 게 있는 듯 서재로 가서 컴퓨터를 켰다. 그런데 그때 거실에 있는 아내가 주말 만이라도 애들하고 좀 놀아주면 안되냐며 투정을 부리는 게 아닌가. '오늘이라도 그냥 좀 쉬자' 며 쏘아붙이고 싶었지만 실망할 아이들 모습이 떠오른 그는 컴퓨터를 다시 껐다. 아이들과 집을 나선 이후부터는 한 단장에게서 들었던 모든 것을 잊어버린 채 그는 다시 일상으로 빠져들었다.

9 큰 돈을 벌어야겠다는 조급함이 불러온 득권의 투자 실패

　　　　　　　　　　　　　　　　　　"김 과장님, 잘 먹었습니다!" 2014년 3월 11일, 여의도의 한 식당에서 득권은 오랜만에 주변 동료들에게 점심을 샀다. 결재를 위해 카드를 꺼내는 득권에게 동료들이 감사 인사를 하는 걸 들으면서 그는 왠지 모를 뿌듯함이 느껴졌다.

　득권은 사무실에서 짠돌이로 통하지만 사실 원래부터 그러진 않았다. 학창시절 아르바이트를 해서 돈이 생길 때마다 친구들에게 술도 잘 사던 편이었고 회사에 취직하고 나서도 지인들이 찾아와서 보험 가입 같은 도움을 요청하면 곧잘 들어주곤 했다. 하지만 과거 빚까지 내가며 공격적으로 투자했던 주식이 글로벌 금융위기와 유럽 재정위기때 큰 손실을 본 다음부턴 종잣돈 마련을 위해 돈 쓰는 것을 최대한 아끼며 생활했다.

득권은 주식 투자 말고도 지난해 말부터 파생상품 거래를 통해 재미를 쏠쏠하게 보았다. 파생상품 거래란 주식을 사전에 정해진 가격에 사거나 팔 수 있는 권리인 옵션을 매도하는 거래인데 최근 주식시장이 박스권에 머무르면서 주식에서는 도통 수익이 나지 않는 반면 이 옵션에서는 최근 몇 달간 월 5% 정도의 짭짤한 수익을 내어 주었다.

이런 수익의 비결은 증거금만 내면 가지고 있는 자금의 7~8배 더 큰 규모의 거래를 할 수 있기 때문이었다. 다시 말해 내 돈 1배를 제외한 나머지 6~7배를 빌려서 투자한 것과 같은 효과가 나타난 셈인데 요새는 왜 진작 이것을 하지 않았을까 하는 아쉬움이 들 정도였다. '그래, 이런 식으로 계속 돈을 메워가면 그동안 투자를 통해서 날렸던 돈도 곧 다시 찾을 수 있을거야.' 그는 콧노래를 흥얼거리며 커피를 뽑았다.

그런데 다음날 새벽, 여느 때처럼 일찍 일어나 컴퓨터 모니터를 켜고 KOSPI 야간 선물가격을 본 득권은 자기 눈을 의심했다. 어제 뉴욕의 KOSPI 야간선물이 큰 폭으로 떨어져 있는 게 아닌가. 인터넷을 검색해 보니 뉴스마다 '크림 자치공화국이 우크라이나로부터 독립을 선언'했다는 내용으로 도배되어 있었다. 생각 못한 외부의 돌발 변수가 터진 것이다.

"아 이거 어떡하지? 분명 오늘 국내 증시가 크게 요동치겠는데…"

아침에 회사에 도착한 득권은 사무실 동료들이 건네는 인사도 듣는 둥 마는 둥 하며 급하게 자리에 앉고는 HTS를 확인하며 깊은 근심에 싸였다. 아니나 다를까, 오전 장을 시작하자마자 KOSPI가 급락하면서 득권이 팔아놓은 풋옵션의 가격은 엄청나게 상승했다. 이걸 현재가격에 되사서 청산할 경우 그동안 얻었던 이익을 다 날리고 오히려 소폭의 손실을 보는 것으로 나타났다.

문제는 옵션 만기일인 내일까지 주가가 더 떨어질 가능성이 높은데 이 경우 또 한번의 큰 손실이 불가피해 진다는 것이다. 주식과 달리 선물 옵션 같은 파생상품은 만기일이 정해져 있어 회복할 때까지 기다릴 수도 없다. 생각이 여기까지 미치자 득권은 심장이 쿵쾅거렸다. 특히 이번에는 지난 해에 만든 마이너스 통장 3천만원에서 돈을 뽑아서 투자금에 보탠 만큼 타격이 더욱 컸다.

그는 1층 매점에서 담배 한 갑을 산 다음 석 달 동안 끊은 담배를 다시 물었다. 담배 연기를 뿜으면서 득권은 하늘을 쳐다보았다. 그 순간, 그에게 떠올리기 싫던 2년 반 전의 악몽 같던 기억들이 다시 떠올랐다.

2011년 8월 9일, 당시 서초동의 모 지점 영업과장으로 근무하던 득권은 새벽부터 출근을 서둘렀다. 8월 이후 미국 신용등급 강등, 유럽의 재정위기, 그리고 경기 재침체 우려의 3중 악재가 동시에 부각되면서 KOSPI는 전날 1,700p대까지 하락하였기 때문이다

지점에 도착하자 그는 애널리스트들의 리포트들을 다운받아 살펴봤지만 '추가 변동성 확대 가능'과 같은 애매모호한 의견들만 나와 있었을 뿐, 구체적인 전망이나 정보는 좀처럼 찾기 힘들었다. 짜증이 치밀어 오른 그는 리포트들을 바닥에 집어던지며 푸념을 늘어놓았다.

"아니 7월 말 미국 정부 재정절벽만 타결되면 KOSPI 2,300p도 문제 없다던 사람들이 이젠 아무 이야기도 안 하네. 도대체 어떻게 된 거야?"

오전 9시 장 개시와 더불어 전광판 앞 객장 곳곳에서는 한숨 소리가 터져나왔다. 득권도 고객들로부터 전화를 받느라 정신이 없었다. 그 중 득권이 추천한 당시 차(자동차)·화(화학)·정(정유) 주식에 4억원을 투자한 어떤 여성 고객은 8일만에 잔고가 1억 6천만원으로 쪼그라들었다며 푸념을 늘어놓다가 갑자기 울기도 했다. 득권이 죄송하다며 조금만 더 기다려 달라고 이야기했지만 사실 그 자신도 장중 9% 넘게 하락하는 주가지수를 보며 이미 패닉에 빠져 있었다.

득권은 2,000p 언저리까지 떨어지던 KOSPI 폭락장 초입에 그동안 모은 돈에다가 개인연금까지 담보로 대출을 받아 물타기에 들어갔지만 오히려 더 큰 손해를 봤다. 투자한 돈이 반도 채 남지 않자 그는 사 놓은 주식과 선물들을 매도했다. "그래. 여기서 더 깨지면 재기하기 어려울 수 있어. 최소한의 종잣돈은 남겨 놔야 되니까 일단 피하고 보자."

계좌를 살펴보니 1억원이었던 종잣돈은 어느새 4천1백

만원으로 쪼그라들어 있었다. 불과 지난 달 말만 해도 계좌가 2억원 가까이 늘었던 것을 생각하면 분통이 터질 일이었지만 이걸로 최악의 사태는 면했다는 안도감도 들었다. 동료와 같이 점심을 먹고는 개인연금 담보대출 2천만원을 상환하고 나니 시간은 어느덧 오후 1시를 넘겼다.

허탈감과 안도감이 교차하는 가운데 컴퓨터를 다시 켠 득권은 눈을 의심했다. KOSPI가 최하점(1,745포인트)을 찍고 60포인트나 반등한 것이다. 대만 증시도 반등을 보이는 가운데 메신저에는 벤 버냉키의 경기부양책이 발표될 것이라는 소문이 떴다. 득권이 팔았던 주식들이 다시 살아나며 손실폭을 줄여나가는 모습을 보며 그는 상실감과 분노를 느꼈다.

이후 몇 개월이 지나고 나서 벤 버냉키 미 FRB의장이 3차 양적완화를 발표하자 주가는 예전만큼은 아니지만 꽤 빠르게 반등했다. 주식을 이 때까지 가지고만 있었으면 투자금의 30%는 수익으로 가질 수 있었을텐데…. 생각이 여기까지 미치자 득권은 자신에 대한 자괴감으로 화가 치밀었다.

다음날인 3월 13일은 옵션만기일이었지만 오전 중에 낙

폭을 잠시 회복하는 듯 하던 주가는 이내 다시 미끄러지면서 손실 확정을 앞두고 있었다. 회복할 가능성이 없어 보이는 가운데 그나마 시간이 남아서 푼돈이라도 건져 대출이라도 메워야겠다는 생각에 그는 장 종료 2시간을 남겨두고 반대거래를 했다.

투자한 원금 5천만원에 남은 잔액은 3천만원, 불과 5일 만에 40% 가까운 손실을 입은 셈이었다. 그나마 주식에 넣어둔 돈은 큰 손해를 보지 않았지만 손실의 대부분은 옵션 투자에서 발생했다. 득권은 팔짱을 낀 채 전광판을 지켜보던 두 눈을 감으며 머리를 싸매었다.

저녁이 되자 갑자기 축 처진 그의 뒷모습을 보며 동료들이 걱정 어린 목소리로 이유를 물어봤지만 대충 둘러대듯 대꾸하고는 퇴근길을 서둘렀다. 마포대교를 걸으면서 감당하기 힘든 손실에 빚까지 졌다는 자괴감 때문에 머릿속에서는 윙윙거리는 환청마저 들렸다.

그가 도박과도 같은 옵션 투자에 배팅한 이유는 3년 전 금융위기에서 본 손해를 회복해야 한다는 자존심 외에 다른 절실함이 있었다. 바로 그의 여자친구 때문이었다. 올해는 꼭 결혼을 하자는 그녀의 재촉에 고개를 끄덕거리긴 했지만 당장 집 한 채 마련하기 힘든 자신의 처지를 생각하면 여전히 엄두가 나지 않았다.

 '사실 그동안 투자한 돈을 원금만 가지고 있었어도 전셋 집은 한 채 얻을 수 있었는데…. 아니 만약 투자해서 번 돈을 몇 번에 걸쳐 이렇게 허무하게 잃지만 않았더라면 집을 한 채 살 수도 있었을 텐데…. 그렇다고 홀어머니께 손을 벌릴 수도 없고 이제 어떡하지?'

 답답한 마음 때문에 잠을 잘 수 없을 것만 같았다. 그는 스마트폰을 꺼내서 준형과 재현에게 술이나 한잔 하자고 문자를 넣었다. 두 사람에게서 모두 나오겠다는 답신을 받은 득권은 발길을 돌려 인도네시아 대사관 옆에 즐겨 찾는 막창집으로 향했다.

 한편 오랜만에 여의도를 찾은 준형과 재현은 약속 장소로 걸음을 옮겼다. 길을 가면서 주위를 살펴보니 빌딩들에 불은 환하게 켜진 반면 식당가는 대부분 한산해 보였고 그마저도 8시를 넘기자 더욱 썰렁해졌다. 준형은 굳이 확인해 보지 않아도 증시가 좋지 않음을 알 수 있었다. 여의도에서는 증시 상황이 상가 분위기에 즉각 반영되기 때문이다.

약속장소에 도착한 재현과 준형은 이미 연탄불에 막창을 구워 놓은 채 먼저 소주를 두 병째 마시고 있는 득권을 보았다.

"야 갑자기 나오라고 해서 나왔더니만 아무말도 없이 술만 푸냐? 무슨 일 있어?"

"아니, 그냥 회사 생활도 갑갑하고 생각보다 일도 잘 안 풀리네. 그러다 보니 그냥 너희들 생각이 나서 불렀어. 술이나 한 잔 하고 싶어서 말이야."

"왜? 요즘 주식시장 안 좋다던데 혹시 투자한 것 때문에 손해라도 본 거야?"

"…"

득권이 침묵하는 걸 보고는 두 사람도 더 이상 물어보지 않고 그냥 술잔만 돌렸다. 그렇게 1시간쯤 지나서였을까? 재현이 갑자기 생각난 듯 말을 꺼냈다.

"참, 준형아 지난번 동문회에 한민국 선배 기억나지? 내가 그날 돌아오면서 인터넷으로 찾아보니까 재테크 분야에서는 소문난 전문가더라. 마침 이번 주 토요일 코엑스에서 하는 재테크 박람회에 선배가 강사로 나온다는데 우리 한 번 가 볼까?"

"그래? 좋지. 그렇지 않아도 그때 선배가 우리들한테 못다한 이야기 마저 들려주고 저녁도 사줄테니 한번 찾아오라고 이야기 했잖아. 참 득권이 넌 어때?"

"아니 난 됐어. 요즘 좀 바쁘기도 하고… 너희들끼리 갔다 오고 오늘은 술이나 먹자."

말 없이 묵묵하게 술만 마시던 득권은 11시쯤 거의 인사불성이 되었다. 택시를 태워 겨우 보내긴 했지만 내막을 모르는 준형과 재현은 걱정 어린 얼굴로 득권을 태운 택시가 시야를 벗어날 때까지 눈을 떼지 못했다.

10 한 단장과 다시 만난 두 사람

드디어 주말인 3월 16일 오전 10시, 약속장소인 삼성역에서 만난 재현과 준형은 박람회가 열리는 코엑스 그랜드볼룸으로 걸음을 옮겼다. 코엑스몰 주변은 오랜만에 풀린 날씨에 영화를 관람하거나 외식을 즐기러 온 가족들로 붐볐다.

예매한 티켓을 확인받고 부랴부랴 들어간 박람회 장소는 다소 혼잡했다. 금융기관들이 설치한 부스들 가운데로 미로처럼 만들어진 통로들을 따라 들어가야 했는데 자칫하면 길을 놓칠 수도 있었다. 금융기관들이 마련해 놓은 부스에는 '무료 자산관리 상담시 사은품 증정'이니 하는 푯말이 붙어 있었다. 시간만 되면 한 번 받아보고 싶었지만 한 단장의 강의시간이 얼마 남지 않아 강의장으로 걸음을 재촉했다.

11시 정각이 되자 장내에 강의시작을 알리는 안내 방송이 울렸다. 다행히 시간에 맞춰 강의장에 들어왔지만 강의장 제일 뒷자리를 겨우 잡을 수 있었다. 시간이 임박하면서 뒤에는 의자가 없어 선 채로 강의를 기다리는 사람들도 여럿 있었다. 어려운 시기에 돈 관리를 어떻게 해야 할지에 대한 사람들의 관심과 걱정을 반영한 듯 했다.

"안녕하세요, MH은행 자산관리 단장 한민국입니다. 만나서 반갑습니다."

연단에 선 한 단장이 인사를 하자 박수가 터져 나왔다.

"옛날 '가족오락관'에 나온 퀴즈데요. 어느날 20년간 담배를 피운 골초가 친구 앞에서 신문을 집어 던지며 투덜거렸답니다. '이놈의 신문만 보면 담배가 백해무익하다고 난리를 치고, 신문을 본 마누라는 그렇게 해롭다는 담배 왜 피우냐며 바가지를 긁으니 더는 못 버티겠네. 당장에라도 끊어야지' 그런데 그 말을 들은 친구가 '와 자네가 드디어 담배를 끊는구먼. 잘 생각했네, 잘 생각했어' 라고 하자 골초가 어떻게 대답했을까요?"

"…"

"정답은 '내가 언제 담배를 끊는다고 했나? 신문을 끊는다고 했지' 입니다."

침묵해서 경청하던 관중들은 한 단장의 정답을 듣자 폭소를 터뜨렸다.

"여기서 골초는 담배 대신 신문을 끊으면서 당장 마음 편한 쪽을 선택했지만 그렇다고 근본적인 해결책은 될 수가 없는 거죠. 저는 재테크도 마찬가지라고 생각합니다. 지금 같은 상황에서 돈을 불려나가려면 예금 금리보다 높은 수익을 내도록 자금의 일부라도 투자를 하는 것이 근본적이고 유일한 대안이에요. 물론 이를 위해 이전보다 더 많은 노력이 필요하겠지만 어렵고 귀찮더라도 차츰 익숙해 져야 합니다."

여기까지 말한 한 단장은 갑자기 미소를 지으며 주변을 둘러보았다.

"그런데 아마 저의 이런 이야기를 처음 들어보신 분들보다는 오히려 귀에 딱지가 앉을 만큼 들었다는 분들이 더 많으실 거에요. 하지만 그럼에도 불구하고 투자를 안 하시는 이유는 왜인지, 우선 앞에 계신 분께 질문을 드려볼까요?"

한 단장이 앞에 앉은 청중에게 마이크를 내밀며 질문하

자 그가 멋적게 웃으며 답했다.

"저는 과거 중국펀드에 투자한 돈이 글로벌 금융위기 때 반토막난 적이 있는데요, 그 이후로는 경제가 불안하다는 말이 들리고 투자에서 손실이 나면 겁이 나서 도저히 펀드에 돈을 놔 두지 못하겠어요. 그때와 지금과는 아무리 상황이 다르다고 하지만 말이죠."

답변이 끝나자 한 단장이 마이크를 받아 그 옆의 청중에게 다시 건넸다.

"저는 강사님 말씀처럼 그래야 한다는 건 동의합니다. 하지만 당장 일 때문에 먹고 살기 바쁘다 보니 투자를 위해 따로 공부하는 시간을 빼기가 쉽지 않아요. 그런데다가 발품까지 팔기는 더욱 어려운 일이죠."

앞의 두 명의 청중이 대답하는 걸 듣고 난 한 단장이 설명을 하기 시작했다.

"좋은 답변 감사합니다. 우선 첫 번째 답변 주신 분의 경우 고수익 고위험의 주식형 펀드로 투자를 다시 하기는 어렵습니다. 과거 큰 손실을 본 기억 때문에 조금만 주가가 떨어져도 심리적으로 견디지 못하고 펀드를 팔아버릴 가능성이 매우 높기 때문입니다. '산 값보다 충분히 비싸질 때까지 기다리는' 여유가 없으면 어떤 투자도 백전백패입니다."

이어서 그는 두 번째 답변자와 눈을 맞추고는 미소를 지으며 말을 이었다.

"두 번째 경우는 투자를 하기 위해 준비하고 노력하는 것이 힘들고 어려운 대신 보상은 적다고 생각하기 때문입니다. 가령 열심히 노력해서 1년 후 정기예금보다 10% 초과수익을 냈다고 할 때 만약 10억원을 투자한 부자라면 1년 후에 1억원 더 생긴 것이지만 1천만원을 가진 서민이라면 그래 봐야 1년간 달랑 1백만원 더 번 것에 불과합니다. 대부분 '그 돈 벌려고 굳이 이렇게 고생할 필요가 있을까?'라고 생각하게 되죠.

11 안정적인 투자 VS 화끈한 투자, 과연 승자는?

이때 그는 자신감에 찬 목소리로 청중들을 향해 소리쳤다.

"그래서 많은 사람들이 펀드 투자에 성공하려면 일단 가격변동성(등락폭)이 적어야 합니다. 그래야 심리적으로 위축되거나 흥분하지 않고 편안하게 투자할 수 있죠. 이런 면에서 중위험 중수익 펀드는 상황에 따라 성과가 천당과 지옥을 오락가락하는 고위험 고수익의 주식형 펀드보다 장기 투자에 더욱 유리하다고 할 수 있습니다.

살짝 숨이 찼던지 잠시 숨을 고르던 한 단장의 목소리가
다시 높아졌다.

"게다가 실제 성과에 있어서도 평균 수익률이 비슷하다
면 중위험 중수익 펀드처럼 가격 변동성이 적은 펀드가
'모 아니면 도'처럼 변동성이 큰 펀드보다 장기적으로 더 유
리합니다. 예를 들어 평균 수익률이 연 5%로 같지만 수익
률 변동폭은 각각 0~+10%, −10~+20%, −30~+40%로
다른 세 펀드가 있다고 칩시다. 10년 후 결과는 어떨까요?"

청중들이 침묵하는 사이 화면이 바뀌며 그래프가 나타
났는데 한 단장의 말을 증명하듯 수익률 변동폭이 가장 낮
은 펀드 1의 성과가 가장 높게 나타났다.

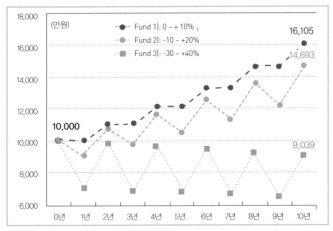

[그림 1-1] 평균수익률이 같아도 변동성에 따라 달라지는 펀드들의 장기성과

"만약 펀드 1이 낸 성과를 3이 내려면 상승시의 수익률을 40%에서 57%로 끌어올려야 합니다. 다시 말해 연평균 수익률 5%에 0~10%의 변동성을 가진 펀드랑 연평균 수익률 14%에 −30~57%의 변동성을 가진 펀드의 성과가 장기적으로 같다는 거죠. 물론 투자할 때 마음을 졸여야 하는 심리적 부담까지 생각하면 전자가 훨씬 낫습니다.

그때 재현은 지난 번 산행에서 한 단장이 해 주었던 말이 문득 떠올랐다.

"두 사람은 투자에서 돈을 벌려면 뭐가 제일 중요하다고 생각해?"

"글쎄요, 하나 확실한 건 수익을 많이 내야겠죠."

"그렇게 대답할 줄 알았어. 하지만 내 생각은 좀 달라. 난 투자에서 수익을 크게 내는 것보다 더 중요한 건 손해를 안 보는 것이라고 생각해."

"네? 투자란게 어차피 수익을 크게 내기 위해 하는 것 아닌가요? 그 때문에 투자 위험을 감수하고 하는 거라고 들었는데…"

"그 이유는 우리가 물건을 위에서 아래로 내리는 것보다 아래에서 위로 올릴 때 더 많은 힘이 들듯이 투자도 마찬가지로 손실을 회복할 때는 손실이 났을 때보다 더 많은 수익을 내야 하기 때문이야. 예를 들어 어떤 주식이 −50%가 되었다면 다시 본전이 되기 위해서는 100%, 즉 떨어질 때보다 50%의 수익률이 더 필요하지만 −10%가 된 펀드가 다시 본전이 되는 데는 11.2%, 즉 1.2%의 수익률만 더 추가되면 되지.

'음, 그때는 듣고 나서도 잘 와닿지 않았는데 이젠 무슨 말인지 이해가 되네.' 뭔가 깨달았을 때 오는 즐거움 때문일까, 재현의 표정이 밝아졌다.

"따라서 예금 금리보다 높은 수익과 주식 등 투자자산보다 높은 안정성을 둘 다 갖춘 중위험 중수익 펀드에 더욱 많은 사람들이 관심을 갖게 되는 건 어쩌면 당연합니다. 펀드평가업체에 따르면 중위험 중수익[2] 펀드 규모는 2008년 말 37조원에서 2013년 말 현재 83조원으로 꾸준히 성장하고 있는 반면 주식형 펀드[3]의 규모는 2008년 말 150조원에서 2013년 말 현재 93조원으로 쪼그라들었죠."

---

[2] 국내외 주식혼합형, 채권형, 채권혼합형, 절대수익추구형 펀드
   (공모 및 사모 전부 포함)
[3] 국내외 주식형(공모 및 사모 전부 포함)

12 이미 과거부터 입증된
중위험 중수익 펀드투자 성과

그때 강의장 뒤편에서 누군가 손을 들며 질문을 했다.

"강사님 말씀은 충분히 이해가 됩니다. 그런데 말씀하신 중위험 중수익 펀드의 가격 변동폭과 수익이 어느 정도인지, 과연 평범한 사람들이 편하게 투자할 수 있는지를 구체적으로 보고 싶습니다. 말만 들어서는 실제로 그런지 아닌지 잘 모르겠어요."

"아, 일단 좋은 질문 감사드립니다. 그렇잖아도 준비해 온 게 있는데 다음 차트를 보면서 말씀 드릴게요. 제가 2009년 6월부터 실제로 가치주 투자로 유명한 OO밸류의 채권혼합형 펀드(주식에 30% 미만 투자)와 해외채권 투자로 유명한 OO 글로벌 고수익채권형 펀드에 자금을 반씩 나눠 투자했는데요, 이번 차트는 그 성과를 보여주고 있습니다."

한 단장이 화면을 여는 순간 그래프가 나타났다. 그 순간 뒤에서는 '와' 하는 함성이 나왔다. KOSPI 투자도 초기에는 글로벌 금융위기 회복과 더불어 좋았지만 이후 큰 폭의 상승과 하락을 반복하며 최근 몇 년간 부진했던 반면 청색의 중위험 중수익 펀드들은 증시에 큰 영향을 받지 않고 안정적으로 꾸준히 불어나는 모습을 보여주었기 때문이다.

그 결과 정기예금으로 투자했을 때는 물론이고 고수익 고위험 자산인 국내 증시보다도 장기적으로 더 높은 성과를 냈다. 대략 4년 8개월간 정기예금에 예치했으면 15.9%의 이자를 받았을 것이고 국내 증시에 투자했으면 41.3%의 수익을 냈겠지만 한 단장의 중위험 중수익 펀드 투자는 62.6%의 수익을 낸 것이다.(참고로 2015년 1월 30일 현재 누적수익률은 67.7%, 평가액은 16,770만원으로 나타났다)

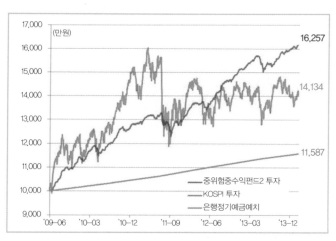

[그림 1-2] 한 단장의 중위험 중수익 펀드 투자성과 분석

한 단장이 직접 했다는 중위험 중수익 펀드 투자는 시장 분위기를 감안할 때 꽤 성공적이었다. 재현은 불과 10분 전만 해도 반신반의하던 청중들이 이 그래프를 본 다음부터 한 단장의 강의에 점차 몰입하는 것을 느낄 수 있었다. 이번엔 한 단장이 쑥스러운 미소를 지으며 재현을 쳐다보았다.

"저도 그렇게 대범한 투자자는 아니에요. 과거 2002년에 주당 삼성전자를 330,000원에, 하나은행을 15,000원에 샀다가 카드사태 때문에 30% 정도 주가가 하락하니까 불안감 때문에 1년도 안 돼서 그냥 팔아버렸습니다. 지금 이 두 주식들은 그때 비해 최소 3~4배는 올라갔죠."

한 단장은 계속 말을 이어 나갔다.

"그때 깨달은 것은 아무리 훌륭한 주식을 들고 있어봐야 내가 충분한 수익이 날 때까지 마음 편하게 있을 수 없다면 나에게는 결코 좋은 투자수단이 아니라는 겁니다. 전 이 투자가 높은 성과를 내 준 것도 좋았지만 그보다는 이런 안정적인 모습을 보여줬기 때문에 5년 가까이 돈을 묵혀 둘 수 있었다는 걸 더 강조하고 싶어요."

이어서 한 단장은 중위험 중수익 펀드들에 대한 재미있는 이야기들을 많이 해 주었는데 시간가는 줄 모르고 그의 말에 몰입해 있던 가운데 어느덧 1시간이 금방 지나갔다.

"시간 관계상 더 궁금한 내용들은 강의 끝나고 이 자리에서 개별적으로 질문을 받겠습니다. 오늘 부족하나마 경청해 주신 여러분들께 다시 한번 감사의 말씀 드립니다."

강의가 끝나자 우뢰같은 박수소리가 터져나왔다. 대부분의 청중들은 강의에 만족한 듯한 얼굴로 하나 둘 자리에서 일어났고 한 단장도 환한 얼굴로 사람들의 질문에 답하고 있었다. 준형과 재현은 질문을 하기 위해 서 있는 사람들의 맨 뒤에서 기다리고 있었다.

15분쯤 지나서 답변을 마치고 강의장을 나오려는 한 단장에게 두 사람이 인사를 했다.

"선배님, 정말 재미있게 잘 들었습니다."

"오, 재현이하고 준형이 여긴 어떻게 왔어? 여하튼 반갑네. 잘 지냈어?"

"오늘 선배님 강의하신다는 걸 신문에서 보고 들으러 왔죠. 저희 뿐만 아니고 사람들도 너무 진지하게 잘 듣던데요."

"그래, 고마워. 참 식사 아직 안 했지? 나도 밥 먹고 들어가려고 했는데 잘 됐다. 호텔 옆으로 돌아가면 괜찮은 한식집이 있는데 거기서 밥이나 먹자. 내가 쏠게."

"강의도 잘 들었는데 밥까지…하하 감사합니다."

한 단장과 두 사람은 코엑스 인터컨티넨탈 호텔 뒤편에

있는 한식당으로 자리를 옮겼다. 그는 쇠고기 된장찌개 백반이 일품이라며 주문을 권유했는데 음식을 먹던 재현은 '맛이 어떠냐?'는 한 단장의 질문에 만족스런 표정으로 엄지를 추켜세우기도 했다.

"하하, 맛있다니까 다행이군. 그나저나 오늘 강의는 어떻게 도움이 좀 되었어?"

재현이 한 단장을 보면서 웃으며 대답했다.

"그럼요. 특히 선배님이 마지막에 보여주신 그 그래프가 정말 인상적이었습니다. 그 정도로 안정적이라면 저 같이 소심한 사람도 큰 부담 없이 펀드 투자를 할 수 있을 것 같아요. 그런데 투자를 2009년 6월부터 시작하셨다면 그 사이에 금융시장이 몇 번은 출렁거렸을텐데 선배님은 중간에 펀드를 환매하고 싶다는 생각이 안 드셨나요?"

"솔직히 한 번도 안 들었다면 거짓말이고 처음에는 반신반의했어. 2011년 8월 그리스 사태로 고점 대비 5%가량 펀드 가격이 떨어질 때는 좀 불안했지. 그런데 −7%대에서 반등하기 시작하더니만 3개월만에 다시 고점을 뚫고 올라갔어. 그 이후에도 −4%대까지 가격이 빠진 적이 있었지만 이미 경험을 해 본 터라 그 정도는 견딜 수 있었지. 역시 몇 달 되지 않아 다 회복했고."

"그렇군요. 저는 왜 그랬는지 지금은 후회가 되네요. 2007년에 적립식 펀드를 좀 넣긴 했는데 다음 해에 글로벌 금융위기 때문에 손해를 좀 크게 보게 되어서 다 팔아버렸어요. 그 이후에 주가가 다시 꽤 올라가길래 그때 본 손실도 만회할 겸 2011년에 펀드투자를 다시 했는데 공교롭게도 8월에 또 한번 손해를 봤죠."

"저런, 그거 아깝네. 만약 2007년에 가입했던 펀드를 팔지 않고 한 2년만 더 투자했더라도 20%이상 수익을 냈을 텐데… 그래서 투자란 게 머리 따로 몸 따로일 수밖에 없는 거야. 머리는 쌀 때 사야 비싸게 판다는 걸 알지만 실제 행동은 그렇게 못 하는 거지."

재현이 맞장구를 쳤다. "저도 이 친구와 비슷한 경험을 한 다음부턴 펀드는 절대로 안 하고 예금만 꾸준히 하고 있어요. 그런데 월급은 제자리인데 물가는 계속 오른다며 집사람이 푸념을 늘어놓거나, 가끔씩 주변에서 어디에 투자해서 연 6% 수익이 났네 하는 이야기만 들어도 답답한 느낌이 듭니다. 괜히 나만 뒤처지는 것 같고요."

"맞아. 그러기에 해도 불안하고 안 해도 불안한 게 투자지. 하지만 분명한 건 그 불안감 때문에 미래가 빈곤해진다는 거야. 내가 중위험 중수익 펀드 투자를 사람들에게 권유하는 이유도 그걸 막자는 데 있지…. 참, 그나저나 내가 미안한데 다음 스케줄이 있어서 이만 일어나야 될 것 같아. 오늘 만나서 반가웠어."

재현이 아쉬운 듯한 표정을 지으며 한 단장에게 말을 꺼냈다.

"저, 선배님 말씀하신 중위험 중수익 펀드 투자에 대해 좀 더 공부하고 싶은데 어떻게 방법이 없을까요?"

13 행복한 미래를 위한 자산관리의 희망을 보다

"음… 그렇지, 나랑 같이 일하는 WM팀장들이 매월 2~4시간씩 일반인들을 대상으로 자산관리 특강을 하는데 마침 4월부터 6월까지의 주제가 중위험 중수익 펀드야. 시간 되면 와서 들어도 좋아."

"와! 감사합니다. 혹시 수강신청이랑 수강료는 어떻게 되나요?"

"뭐 수강료는 따로 없고 MH은행에 5억원 이상만 예치하면 돼."

"네?" 순간 재현과 준형의 눈이 동그랗게 커졌다.

"허허, 이 사람들 뭔 농담을 못해요. 내가 후배들 덕 보려고 이 이야기 꺼낸 거 아니니까 걱정하지 말고 와서 편하게 들어. 그리고 금융투자협회에서 일반 투자자들을 대상으로 하는 거니까 인터넷 홈페이지에서 수강 신청하면 돼."

"네 감사합니다 선배님. 다시 인사드릴게요."

한 단장을 배웅하고 난 후 두 사람은 각자 집으로 헤어졌다. 그날 재현은 저녁에 인터넷을 켜고 금융투자협회 홈페이지에서 한 단장이 말한 교육의 수강신청을 했다. 신청을 마친 재현의 눈에 다음과 같은 기사가 띄었다.

금리로 살펴보는 대한민국 재테크 풍속도

2014년 3월 들어서 시중은행들의 1년만기 예금금리가 드디어 연 2% 중반으로 내려왔다. 문제는 금리 하락으로 얼어붙던 경기에 온기가 돌기보다는 초저금리로 인해 예금자들이 돈을 굴리는 데 어려움만 커지고 있다는 것이다.

사실 자산을 가지고 또 굴리는 이들에게 금리는 상당히 중요한 지표가 된다. 금리가 하락하면 동일한 이자를 받기 위해 예치해야 하는 금액은 더욱 빠른 속도로 증가하기 때문이다. [그림 1-3]은 매월 300만원의 생활비를 충당하기 위해 맡거나 투자해야 하는 돈이 금리에 따라 어떻게 변화하는지를 나타내고 있다. 여기서 금리가 10%일 때 필요한 돈은 4억원이 채 안되지만 금리가 2%대인 지금에는 12억~18억원이 필요하다.

따라서 금리의 변화는 사람들의 자산관리 스타일도 바꾸어 놓는다. 그럼 과연 우리나라는 어땠을까? 당시 기억을 떠올려 보며 그

변화의 흐름을 찾아보도록 하자.

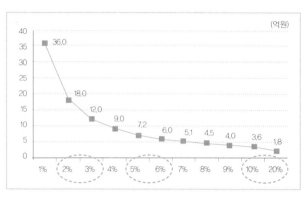

[그림 1-3] 매월 300만원 생활비 충당을 위한 금리 구간별 예치금액의 변화

1. 금리 연 10% 이상, 필요자금 2억~4억원 (1970~1999년)

1990년대 초의 일이다. 당시 대구행 열차를 기다리던 나는 매점에서 당시 꽤 유명한 'OOO서울'이라는 주간지를 사서 읽고 있었는데 그 중 "당신에게 만약 5억원이 생긴다면 어떻게 하겠는가?"라는 설문조사 내용을 다룬 기사가 눈길을 끌었다. 결과는 어떻게 나왔을까?

당시 응답자의 60%가량은 부동산에 투자하겠다고 했고 약 30%는 은행에 넣어두고 이자만 찾아 살겠다고 했다. 부동산이야 언제나 부동의 1등이니까 예외로 치더라도 은행예금이 2등을 차지한 것은 지금 생각해 보면 참 부러운 시절이 아닐 수 없다.

당시만 해도 은행에 돈을 맡기면 연 10% 초중반의 높은 이자를 줬기 때문에 5억원만 은행에 넣어놔도 한 달에 최소 400만원 이상의 돈을 받을 수 있었다. 당시 물가까지 감안하면 이자만 가지고 생활 못할 이유가 전혀 없다. 바로 2000년 이전의 국민 재테크 상품은 은행 예적금이었다.

2. 금리 연 5~6%, 필요자금 6억~7억원 (2001~2008년)

2001년 9월 15일 매일경제신문의 1면 기사 제목은 "3년만기 국고채 금리 연 6.5%, 사상 초유의 저금리(?)에 비상"이었다. 연 10%의 금리에 익숙했던 투자자들이 불과 1년 반만에 반토막 난 은행 금리를 보면서 심적 불안감을 느끼는 건 당연한 일일 것이다.

가장 먼저 위기의식을 느낀 이들은 대규모 명예퇴직자들이었다. 받은 목돈을 IMF 직후만 해도 연 20%가 넘는 금리를 줬기 때문에 큰 문제가 되지 않았지만 불과 1년 반만에 상황은 달라졌다.

알토란 같은 종잣돈을 유지하면서 이자수입으로 생활비도 충당하려면 다시 연 10%대의 수익률을 만들어 내야 했다. 그런데 항상 위기의 이면에 다른 기회가 있듯이 은행 예금이 별 볼일 없어지자 갑자기 주식시장에 불이 붙기 시작했다.

9.11테러로 500P 아래로 곤두박질 친 KOSPI는 저금리와 정부의 소비 장려정책으로 다시 급등하면서 불을 붙였다. 이후 카드버블 붕괴로 잠시 주춤했지만 2004년에는 예금금리가 연 4%까지 떨어진 가운데 미국 부동산 경기호황과 중국의 경제성장에 힘입어 경기가 살아나자 주식과 펀드 열풍이 다시 불기 시작했다. 이듬해에는 주가가 대망의 1,500P를 넘어섰고 2007년에는 2,000P를 넘기도 했다.
이러한 분위기에서 당시 펀드가 예금에 이어 새로운 국민 재테크 수단으로 부상하기 시작했다. 직접 투자로 손실을 크게 본 투자자들에게 박현주, 이채원 등 유명 펀드매니저들이 돈을 받아 대신 운용해 준다는 개념도 신선했고 실제로 수익률도 괜찮았던 만큼 펀드는 유행처럼 번져갔다.

3. 금리 연 2~3%대 / 필요자금 12억~18억원 (2009년~현재)

2007년 글로벌 증시 상승으로 펀드는 온 국민들의 관심의 대상이었고 펀드나 주식 하나 가지고 있지 않으면 주변에서 거의 미개인 취급을 받기도 했다. 하지만 2008년 글로벌 금융위기로 전세계 금융시장이 동시에 폭락하자 투자자들은 알토란 같은 자산이 반토막 나는 아픔을 맛 보아야 했다.

미국은 제로금리를 선언하고 다른 수 많은 국가들도 금리를 파격적으로 인하했다. 한국은행도 당시 기준금리를 사상 최저수준인 연 2%로 내렸다. 과거만 같아도 이 정도 금리라면 주식이나 부동산시장에 불이 붙었을 법 하지만 이제 사람들은 최근 몇 년간의 투자 실패에 대한 심리적 두려움으로 과거처럼 적극적인 투자를 하기가 어렵게 되었다.

하지만 또 다른 문제는 초저금리 정책으로 경제 시스템 붕괴를 겨우 막아낸 대신 그로 인해 은행 예금과 같은 확정금리형 상품의 매력도가 너무 낮아졌다는 데 있다. [그림 1-3]에서 볼 수 있듯이 금리가 연 6%에서 연 2%로 떨어지면 월 300만원을 받기 위해 예치해야 하는 금액도 6억원에서 18억원으로 급격히 늘어난다. 게다가 이 정도의 금리에서는 물가가 조금만 올라도 내 돈의 실질적인 가치는 줄어들게 된다.

그러다 보니 과거에는 투자에 있어서 따지지 않던 안전성을 조금씩 중요시하는 분위기가 생겼다. 기대할 수 있는 수익성을 포기하더라도 말이다. 사람들은 이전만 해도 쳐다보지 않던 해외 고금리 채권펀드나 ELF와 같이 원금 손실위험은 주식형펀드보다 현저히 낮으면서 정기예금 + 2~4% 정도의 중간 정도 수익성을 보이는 중위험 중수익 펀드에 눈을 돌렸다.

우리보다 처지가 더욱 심한 일본과 홍콩, 대만에서는 중위험 중수익 펀드가 2000년대 초반부터 지금까지도 높은 인기를 유지하고 있는 점을 감안할 때 이런 분위기는 앞으로도 계속될 것으로 예상된다.

'맞아. 이제 더 이상 꾸물거릴 수가 없겠군. 금리가 더 떨어지고 투자하기가 더 어려워지기 전에 지금부터라도 재테크를 신경써서 잘 해보는 거야. 늦었다고 생각할 때가 실은 제일 빠를 때라는 말도 있잖아.'

굳게 마음을 먹은 재현은 홈페이지에 게시된 일정표를 확인했다. 매월 초 그것도 주말 아침에 강의를 듣는다는 게 부담스럽기도 했지만 나름 재미있을 것 같았다.

[금융투자협회 주말 펀드 특강 일정표]

일자	목차	시간
4월 5일(토)	1. 중위험 중수익 펀드의 유형별 이해	4H
5월 3일(토)	2. 좋은 중위험 중수익 펀드 고르기	2H
6월 11일(토)	3. 중위험 중수익 펀드투자 실전 노하우	2H

그때 준형에게 전화가 왔다.

"야, 재현아. 너 수강신청 했어? 주말에 하는 건데 계속 나올 수 있겠어?"

"무슨 소리야, 나도 이번엔 마음을 굳혔어. 이번 기회에 제대로 한 번 배워 볼 거야."

"좋아, 그럼 이제부터 수업에서 지각하면 만원, 3번 지각하거나 1번 결석하면 5만원 벌금 물리는 걸로 하자. 오케이?"

"알았어, 너 딴 말하기 없기다."

"그래, 늦었네. 그나저나 내일도 출근해 봐야 한다면서, 잘자."

전화를 끊은 재현이 안방에서 TV를 보며 행복해 하는 가족들을 보자 마음 속에서 의욕이 불타올랐다.

'그래, 모처럼 쉬는 주말에 강의를 들으러 나가는 만큼 이번에는 정말 열심히 공부해서 앞으로는 자산관리를 제대로 해 봐야지. 사랑하는 가족들의 미래를 위해서라도 말이야.'

겨울의 추위를 견디고 돌아난 4월의 꽃봉오리처럼 재현의 마음도 희망으로 활짝 피어나고 있었다.

중위험 중수익 펀드의
7가지 대표 유형 알아보기

중위험 중수익 펀드의
7가지 대표 유형 알아보기

드디어 첫 강의가 있는 2014년 4월 5일 토요일 아침, 여의도 역에서 만난 재현과 준형은 근처 분식집에서 간단히 아침을 때우고는 인근의 금융투자교육원으로 발길을 옮겼다. 4월 초 여의도 공원 주변은 꽃들이 봉오리를 피우고 있었다. 특히 하늘을 핑크색으로 수놓은 듯 벚꽃들이 바람에 흩날리는 모습은 말 그대로 장관이었다.

이런 분위기에 야외 피크닉 대신 공부를 하러 가는 게 조금 억울한 생각도 들었지만 두 사람은 다시 마음을 다잡고 발길을 옮겼다. 강의장에 도착해서 보니 시작 시간까지 아직 15분이나 남아 있음에도 이미 사람들이 자리를 빽빽

이 채우고 있었다. 한 단장의 말처럼 삼불현상 속에서 재테크에 대한 대중들의 고민과 중위험 중수익 펀드에 대한 관심이 점차 뜨거워지는 것을 느꼈다.

이날 강의에서는 현재 국내에 출시된 중위험 중수익 펀드들을 크게 ① 롱-숏 펀드 ② 커버드콜 펀드 ③ 메자닌 펀드 ④ 해외 채권형 펀드 ⑤ 자산배분형 펀드 ⑥ 인컴펀드, 그리고 ⑦ ELF(주가연계펀드)로 나누어 재미있고 알기 쉬운 설명이 이어졌다. 그리고 최근 주목받는 중위험 중수익 펀드들에 대한 설명까지 마치다 보니 오전 9시에 시작한 강의는 오후가 되어서야 끝났다.

강의를 듣고 난 재현과 준형은 다소 지치긴 했지만 중위험 중수익 펀드에 대해 많은 것들을 알고 이해하게 되었다. 이번 2부에서는 이날 '중위험 중수익 펀드의 유형별 세부내역'에 대해 강의한 핵심 내용을 알기 쉽게 요약 정리했다.

좋은 중위험 중수익 펀드를 선별해 투자해서 재테크에 성공하려면 그 전에 이들 펀드의 핵심 구조와 특징들에 대해 알아 둘 필요가 있는 건 어쩌면 당연한 일이다. 다소 어렵다고 느낄 수 있지만 재미있는 예시와 비유들을 섞어 쉽게 이해되도록 풀어 썼으니 편안한 마음으로 읽어 볼 것을 권유한다. 어차피 이왕 시작한 공부 아닌가.

1 절대수익을 추구하는 롱-숏 펀드

동화 〈신데렐라〉에서는 신데렐라가 마법사의 도움으로 근사한 옷과 유리구두로 멋을 낸 다음 왕궁 무도장에 들어서자마자 많은 사람들이 그녀에게 눈을 돌리는 장면이 있다. 얼마나 근사해졌는지 심지어는 매일 같이 사는 계모와 이복언니들도 그녀를 전혀 알아채지 못했다고 한다.

KOSPI가 부진의 늪에서 헤매던 2013년에 평균 7.2%의 높은 수익률을 낸 '롱-숏 펀드'가 이후 펀드시장의 신데렐라로 주목을 받았다. 같은 기간 중 국내 주식형 펀드가 평균 (-)2.07%의 지지부진한 성과를 보이면서 상대적인 존재감은 더욱 커졌다. 그런데 '롱-숏펀드'는 이미 2000년 중반 국내에 첫 출시된 바 있다. 다만 당시에는 높은 투자수익률의 주식형 펀드에 밀려 그저 특이한 상품으로만 취급 받았던 이 펀드에 대한 관심이 2014년부터 쏠린 데에는 차별화된 수익률 외에도 불안한 증시와 저금리가 한 몫 했다.

불과 2012년 말만 해도 2천억원이 채 안 되었던 롱-숏 펀드는 2014년 말 현재 누구나 가입할 수 있는 공모형만 총 2.15조원으로 2년 만에 10배 이상 성장하였다. 여기에 49인 이하 큰손 위주로 투자하며 공식적인 집계가 어려운 사모형('한국형 헤지펀드'라고도 함)까지 포함하면 4.5조~5조원 내외에 이를 것으로 추정된다. [그림 2-1-1]은 국내 주요 '롱-숏 펀드'의 최근 성과를 그래프로 나타낸 것이다.

[그림 2-1-1] **국내 주요 롱-숏 펀드의 성과**

롱-숏 펀드의 독특한 운용방식

롱-숏 펀드의 성과는 주가와 반대의 움직임을 보이는 경우가 종종 있다. 예를 들어 2013년 3~4월 KOSPI가 연초 대비 6% 가량 하락했을 때 대표 롱-숏 펀드들은 오히려 4~7% 가량 상승했다.

또한 2013년 11월부터 연말까지 KOSPI가 4% 하락했을 때도 이들 펀드는 오히려 1~2% 가량의 수익을 냈다. 반면 2014년 3~4월까지 KOSPI가 4% 가량 상승할 때 이들은 1% 미만의 손실을 보인 적도 있다.

롱-숏 펀드가 이런 모습을 보이는 이유는 '롱-숏 전략' 이라는 독특한 운용방식 때문이다. 이는 전망 좋은 주식을 골라 사는(Long) 데서 그치지 않고 한술 더 떠 전망이 나쁜 주식을 누군가에게 빌려서 팔아버린(Short) 다음 주가가 충분히 떨어지면 싸게 되사서 갚아버리는 '공매도 (Short-Selling)'를 병행하는 방식이다.

이런 '롱-숏 전략'은 아직 일반 투자자들에게 낯설고 생소하지만 절대수익을 추구하는 헤지펀드에서는 가장 많이 쓰이는 운용 방식이다. 펀드조사업체인 헤지펀드리서치 (HFR)에 따르면 전세계에서 30% 이상, 아시아에서 60% 가량의 헤지펀드가 '롱-숏 전략'을 사용하고 있다고 한다.

도전! 전문가 공매도(Short-Selling)와 대차거래란?

공매도란 앞서 말한 것처럼 보유하고 있지 않은 증권을 증권회사나 기관투자자로부터 빌려서 팔아버린 다음에 시장에서 동일한 증권을 되사서 갚는 거래이다.

[그림 2-1-2]는 롱—숏 펀드의 운용구조를 그림으로 보여주는데 우선 펀드 매니저는 투자자로부터 받은 자금으로 A주식을 산다. 그 다음 B 주식을 많이 가지고 있는 기관 투자자들을 찾아 주식을 빌려달라고 요청한다.

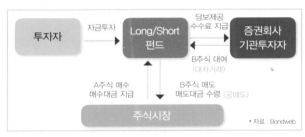

[그림 2-1-2] **롱—숏 펀드의 운용구조**

이때 장기 보유목적으로 B주식을 가지고 있는 기관들은 수수료를 받고 주식을 빌려주는 경우가 많다. 그렇게 주식을 빌린 펀드매니저는 이것을 주식시장에 팔아서 돈을 받는다.

이 돈은 잘 보관하고 있다가 B 주식의 가격이 떨어지면 싼 가격으로 B주식을 사서 빌린 데다가 되갚아주면 끝난다. 이때의 이익 폭은 '주가 하락폭—수수료(이자)'가 된다. 물론 이때 주가가 상승하면 손실이 발생한다. 대차거래는 이를 위해 연기금 등 주식을 가진 이가 다른 이에게 주식을 빌려주고 수수료를 받는 거래를 말한다.

길고 짧은 건 대보면 안(전하)다

한 롱-숏 펀드 매니저와의 인터뷰에서 들은 이야기이다. 그는 여행주가 주목받던 몇 년 전 하나투어를 사 둔 다음 주가가 많이 오르자 갑자기 불안한 느낌이 들었지만 주식을 많이 사두어서 팔기도 쉽지 않은 상황에 처했다. 주식을 팔기 위해 내가 낸 주문 때문에 주가가 더욱 많이 떨어질 수도 있기 때문이었다.

그는 이런 위험을 감안해서 2등주인 모두투어 주식을 빌려서 파는 '공매도'를 했다. 그런데 마침 얼마 안 가 중국에서 사스가 유행하며 여행주가 폭락하는 것이 아닌가. 그는 모두투어를 싼 값에 되사서 갚은 후 남은 차익이 하나투어 주가 하락으로 발생한 손실보다 더 커서 전체적으로는 오히려 소폭의 이익을 남겼다며 웃음 지었다.

이처럼 롱-숏 전략이 인기있는 이유는 약세장에서 상대적으로 안전성이 높기 때문이다. 예를 들어 기존 주식투자에서는 아무리 좋은 주식을 골라도 2008년이나 2011년 같이 증시 전체가 흔들리는 대형 위기에는 손실이 날 수밖에 없다. 외국인이나 기관투자자와 같은 큰 손들이 좋고 나쁜 주식을 가릴 새 없이 가지고 있는 주식을 동시에 팔아 치우기 때문이다.

반면 롱-숏 전략은 이런 경우 손실의 폭이 더 적고 되려 이익을 낼 수도 있다. [그림 2-1-3]은 두 개의 주가가 모두 하락할 때 롱-숏 전략의 수익 구조를 나타내는 데 이때 한쪽의 이익이 다른 쪽의 손실을 메워 손실의 폭이 줄어들게 된다. 이 그림처럼 팔아놓은 주식이 사놓은 주식보다 더 크게 떨어지면 오히려 이익이 발생한다.

예를 들어 2013년 6월에는 전기·전자업종에 대한 우려로 대표주인 삼성전자와 LG전자가 각각 12.7%, 10.0%씩 하락했으니 둘 중 무엇을 투자해도 손실을 보았을 것이다. 하지만 이때 삼성전자 주식을 빌려 팔고 동시에 LG전자 주식을 샀다면 오히려 (+)2.7%의 수익을 내게 되고 만약 거꾸로 투자했더라도 손실은 (−)2.7%로 제한되었을 것이다.

물론 반대로 2007년처럼 주식시장에 자금이 밀려와 웬만한 주식은 오르는 시기에는 롱-숏 전략이 수익을 줄일 수도 있고 오히려 손실이 발생할 수도 있다. [그림 2-1-4]는 두 개의 주가가 모두 상승할 때 롱-숏 전략의 수익 구조이다.

이때, 그림처럼 사놓은 주식의 가격이 팔아놓은 주식보다 더 크게 오르면 이익이 발생하지만 둘 중 더 많이 오른 주식에만 투자했을 때보다는 수익이 적게 된다.

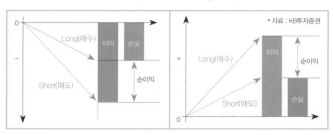

[그림 2-1-3] 주가 하락시 손익 발생구조 [그림 2-1-4] 주가 상승시 손익 발생구조

하지만 롱-숏 전략이 항상 안정적인 것만은 아니다. 예를 들어 투자대상으로 삼은 두 개의 주식이 위의 경우와 달리 하나가 올라가면 다른 하나가 떨어지는 반대의 움직임을 보인다고 하자. 이 경우 생각대로 주식 가격이 움직여 주면 이중의 수익을 낼 수도 있지만 반대의 경우 이중으로 손실이 날 수도 있다.

따라서 이 전략은 주가가 차별화되는 두 종목(또는 지수)의 묶음을 찾아내고 그 중 옥석을 가려내는 펀드매니저의 운용역량과 노하우가 가장 중요하다. 이러한 운용역량은 연관성이 높은 두 개의 주식을 골라 그 중 어느 것이 상대적으로 더 전망이 좋은 지를 파악해야 한다는 점에서 올라갈 대상만을 고르는 일반 주식 운용역량과 다르다.

이렇듯 롱-숏펀드의 투자대상인 '연관성 높은 두 개 이상의 종목들'을 가리켜 종목 묶음이라고 하며, 그 구성 방법은 크게 페어트레이딩 롱-숏과 펀더멘털 롱-숏, 그리고 상대가치 롱-숏으로 나눌 수 있다. 그리고 개별 종목의 특성에 따라 '국내-국내 주식' 외에 '국내-해외 주식' 그리고 '해외-해외 주식'간 롱-숏 전략으로 나눌 수도 있다.

〈롱-숏 전략 1〉 수익성은 낮지만 안정적인 페어트레이딩 롱-숏

우리가 미래의 주가를 예측하는 기준 중 하나는 가격이다. 과거에 비해 주가가 많이 싸졌다면 앞으로 올라갈 가능성이 높지만 반대로 주가가 너무 비싸졌다면 오히려 떨어질 가능성이 높다고 보는 것이다. 이때 적정가치 대비 현재 개별 주식의 가격수준이나 연관성이 높은 두 주식들간의 가격차를 역사적으로 따져보면 현 시점에서 어느 것이 더 싸고 더 비싼지를 가늠해 볼 수 있다.

이처럼 페어트레이딩 롱-숏 전략은 꽤 비슷한 움직임을 보이는 두 주식 간의 가치나 가격 변화에 따른 차익을 추구하는 방식을 말한다. 예를 들어 같은 기업의 보통주와 우선주, 포스코와 현대제철 또는 대한항공과 금호아시아나처럼 같은 산업 내 주식들이 페어트레이딩 롱-숏 전략의 주요 대상기업들이다. 하지만 이 전략이 꼭 같은 종목이나 산업간에만 쓰이는 건 아니다. 예를 들어 여행 수요가 많아지는 휴가철에는 항공업체와 여행업체 두 업체의 실적이 같이 증가하고 줄어들면 감소하게 된다. 이를 활용해 항공주와 여행주 등 다른 산업간에도 종종 이루어진다.

이런 이유로 페어트레이딩 롱-숏 전략은 다른 롱-숏 전략에 비해 수익성은 다소 낮지만 손실위험 또한 낮다고 볼 수 있다. 예를 들어 철강업이 어려워지면 포스코와 현대제철 모두 실적에 악영향을 받게 되고 포스코가 어려워지면 보통주와 우선주 가격 모두 떨어질 가능성이 높아져 한쪽에서는 손실이 나더라도 다른 한 쪽에서 이익이 나서 이를 상쇄할 가능성이 높기 때문이다.

〈롱-숏 전략 2〉 고수익을 노릴 수 있는 펀더멘털 롱-숏

경제환경이나 기업구조 또한 미래의 주가를 전망하는 좋은 기준이 된다. 예를 들어 원/달러 환율이 내려가면 하나투어 같은 여행업체 실적은 좋아지지만 현대자동차의 실적에는 악영향을 미친다. 또 남양유업이 '무지방 우유'로 만든

프림이라는 웰빙 이미지로 믹스커피 산업에 진출한 사건은
이 산업의 1인자인 동서식품에 악재가 된다.

이처럼 펀더멘털 롱-숏 전략이란 경제 및 산업을 분석
하여 양호한 수익이 예상되는 업종이나 기업은 매수(Long)
하고 그 반대 업종이나 기업에 대해서는 매도(Short)하는
전략이다. 전망이 정확히 맞을 경우 사놓은 주식은 올라가
고 팔아놓은 주식은 떨어져서 양쪽으로 모두 수익이 나므
로 페어트레이딩 롱-숏보다 높은 수익을 기대할 수 있다.

방법은 여러 가지가 있겠지만 일반적으로는 어떤 이슈가
발생할 경우 산업간 경쟁 또는 이해관계로 인해 유리해지
는 종목과 불리해지는 종목을 구분해서 롱-숏 전략을 취
한다.

예를 들어 유가가 상승할 경우 운송 비용도 올라가기 때
문에 항공업종에는 악재인 반면 정유사에는 원유를 정제해
서 얻는 마진을 높이는 호재가 된다.

즉 대한항공과 SK 이노베이션 주가의 움직임은 유가의
방향에 따라 상반된 움직임을 보일 가능성이 높다는 걸 알
수 있다. 따라서 유가 상승(하락)이 예상되면 SK이노베이
션 주식을 사는(빌려서 파는) 동시에 대한항공 주식을 빌려

서 팔면(사면) 될 것이다.

여기서 알 수 있는 부분은 '펀더멘털 롱-숏' 전략의 대상이 되는 주식 묶음은 '페어트레이딩 롱-숏'에서와 달리 두 종목이 서로 반대로 움직이는 경우가 많다는 것이다. 따라서 판단이 정확할 때는 매수한 주식과 공매도한 주식 모두에서 수익이 나는 반면 판단이 어긋날 때는 손실 폭이 더욱 커진다는 사실도 알아 둘 필요가 있다.

최근에는 국내 종목들 뿐만 아니라 국내-해외 종목간 펀더멘털 롱-숏 전략도 확대되는 추세다. 예를 들어 엔화 가치 하락은 일본 도요타 자동차 매출에 긍정적인 반면 현대자동차에는 부정적으로 작용하는데 이를 활용하여 엔저 이슈가 부각될 때 도요타 자동차를 사고 현대자동차를 파는 롱-숏 전략을 활용한다. 일본의 경우 초저금리로 인해 주식을 빌릴 때 내야 하는 이자율도 연 0%대로 상당히 낮아 긍정적이다.

다만 역사가 짧다보니 삼성전자를 사고 애플을 팔거나, 현대차를 사고 도요타를 파는 투자경험을 해 본 매니저가 현재 국내에 많지 않아 그 규모는 미미하다. 게다가 해외주식을 거래할 때 생기는 환율 변동위험을 어떻게 관리할 것이냐 하는 문제도 만만치 않아 아직은 몇몇 대형 운용사에서만 활용하며 규모 또한 적다.

〈롱-숏 전략 3〉 시장위험을 줄이는 상대가치 롱-숏

"2010년 초에 국내 자동차 산업이 크게 성장해서 수익률이 꽤 높을 것으로 예상했습니다. 이런 이유로 당시 현대차, 기아차, 현대모비스를 기업 규모에 맞는 비율로 포트폴리오를 짜고 KOSPI200 선물 매도를 했죠. 딱 1년 3개월 만에 이걸로 154%의 수익을 냈습니다." 해외파 출신의 한 롱-숏 매니저가 인터뷰에서 말한 자신의 성공 경험이었다.

이처럼 개별 주식 공매도 대신 지수 선물매도를 활용하는 운용방식을 상대가치 롱-숏 전략이라고 한다. 주식시장보다 성과가 상대적으로 우수해 보이는 기업들의 주식들을 매수해서 짜 둔 포트폴리오 수익률이 지수선물 수익률보다 높으면 이익이 발생하는 구조이다.

이 전략은 또한 개별 종목을 빌려 공매도하기가 어려울 때 종종 활용된다. 예를 들어 주가지수가 1% 증가하거나 감소할 때 주식 A의 가격이 움직이는 방향은 주가지수와 동일하되 통상 0.5%만 증가하거나 감소한다고 하자. 이때 주가지수 선물을 공매도해야 할 금액의 반만 매도하면 A란 주식을 빌려서 공매도한 것과 효과가 동일한 셈이 된다.

2000년대 중반 롱-숏 펀드가 한국에 처음 선을 보였을 때 이러한 방식을 활용하였는데 현재도 가입에 제한이 없는 공모형 롱-숏 펀드에서 상대가치 롱-숏전략의 비중은 꽤 높다. 법적으로 공모형 롱-숏 펀드에서 개별 주식을 활용한 공매도는 전체 자산의 20%만 가능하도록 제한했기 때문이다.

롱-숏 펀드의 운용구조

그럼 롱-숏 펀드의 전체적인 투자비중과 운용구조는 어떻게 될까? [그림 2-1-5]는 예시로, 국내 대표 롱-숏 펀드의 자금 대비 운용전략별 비중을 나타내는데 가장 큰 부분은 역시 롱-숏 전략으로서 펀드 투자자금의 80%(롱 40%, 숏 40%)를 차지한다. 그 외에 쌀 때 사서 비쌀 때 파는 일반적인 주식 투자를 의미하는 인핸스드 전략은 30%를, 안정적인 이자수익을 얻기 위한 채권 투자는 자금의 30%를 차지한다.

그런데 아마 어떤 분들은 '펀드자금 중 주식의 총 투자비중은 110%이고 채권 투자비중은 30%라는데 과연 자금의

140%를 투자한다는게 가능한가?' 라고 생각할 것이다. 하지만 숏 거래의 경우 선물을 매도하면 거래금액의 일부에 해당하는 증거금만 내면 되고 만약 공매도를 하면 오히려 판 돈이 들어오기 때문에 이런 일이 가능하다.

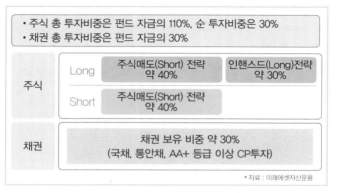

[그림 2-1-5] 롱-숏 펀드의 운용구조 예시

여하튼 롱-숏 펀드의 투자위험은 크게 순편입비(net exposure)와 총편입비(gross exposure)를 통해 비교가 가능하다. 순편입비는 주식을 매수한 비중에서 매도한 비중을 제외한 값을 말하는데 그림에서 주식 매수비중이 70%(=40%+30%)이고 매도한 비중이 40%이면 이 펀드의 순편입비는 30%가 된다. 순편입비가 더 낮다는 것은 주식시장의 전체적인 폭락위험에 더욱 안전하다는 의미가 된다.

예를 들어 금융위기 등으로 인해 주가가 전체적으로 폭락할 때 롱-숏 묶음 중 숏 포지션에서는 종종 이익이 발생하며 이것이 롱 포지션에서 발생하는 손실을 메우기 때문이다.

그런데 위와 같이 순편입비가 30%인 롱-숏 펀드가 자금의 70%는 채권에 투자하고 30%는 주식에 투자하는 채권혼합형 펀드와 위험이 유사하다고 볼 수 있을까? 결론적으로 그렇지 않으며 롱-숏 펀드의 위험이 더욱 크다. 이유는 바로 주식을 매수한 비중은 물론이고 매도한 비중도 합산한 총편입비가 크기 때문이다.

위의 예에서 주식을 30%만 투자한 일반 채권혼합형 펀드의 총편입비는 순편입비와 똑같이 30%이지만 롱-숏 펀드의 총편입비는 그림에서 보다시피 110%(=주식 롱 40%+ 주식 숏 40% + 인핸스드 30%)가 된다.

따라서 롱-숏 펀드의 위험구조를 비교할 때는 순편입비와 총편입비를 동시에 알고 비교해야 한다. 현재 국내 출시된 공모형 롱-숏펀드들의 순편입비는 10~30% 수준이고 총편입비는 110%에서 150%까지 다양하다. 투자자 수를 49인 이하로 제한한 사모형은 공모형과 달리 운용상 제약이 적어 편입비의 범위가 더욱 넓다.

롱-숏 이외의 알파 투자전략

롱-숏 펀드라고 롱-숏 전략 하나만 쓰는 건 아니다. 원래 롱-숏 펀드가 헤지펀드의 수많은 유형 중 하나인데 소위 '돈 되는 건 뭐든지 하는' 헤지펀드의 운용철학을 가지고 있다보니 롱-숏 펀드 또한 다양한 방식으로 초과 수익을 추구한다. 이 중 주된 방식에는 인핸스드와 이벤트 드리븐 전략이 있다.

- 인핸드스(Enhanced) 전략 : 주식시장 전체의 흐름에 영향을 가급적 덜 받는 투자기회를 활용하는 전략이다. 예를 들어 영업환경이 안정적이고 장기 성장동력도 있으면서 저평가된 주식이라면 시장의 흐름과 무관하게 장기 성장을 지속할 수 있는 만큼 가지고 있는 것이 더 낫다고 볼 수 있다.

- 이벤트 드리븐(Event-Driven) 전략 : 평소에는 기업관련 사건(합병·분할, 지배구조 변화 등 기업의 비정상적 이벤트 및 기업공개(IPO), 블록딜 등)을 유심히 살펴본다.

그러다가 마침내 이런 사건으로 실제 기업가치와 주가와
의 괴리가 발생할 때 투자해 수익을 내는 투자방식이 이
벤트 드리븐이다.

이때 주로 보는 투자의 기회는 합병할 때 인수 대상기업
을 매입하거나 기업이 구조조정 또는 파산에 이를 때 채권
이 액면가격이나 공정가격 대비 큰 폭의 할인율로 거래되면
이를 노리는 경우 등이 있다. 또는 지배구조가 부실한 기업
이 기업사냥꾼 공격을 받을 때 경영권 확보를 위해 생기는
인수합병 프리미엄을 노리기도 한다.

현재 국내 롱-숏 펀드 출시 현황

2013년만 해도 롱-숏 펀드는 트러스톤다이나믹코리아
펀드와 마이다스거북이펀드의 양강구도를 이루었다. 하지
만 2014년 들어 미래에셋자산운용이 다이나믹코리아펀드
의 신화를 쓴 김주형 매니저를, KB자산운용은 해외파 출
신의 정병훈 매니저를 영입하며 시장에 도전장을 내밀었다.
기타 운용업체들도 롱-숏 펀드를 출시하면서 시장에 대응
하고 있다.

롱-숏 펀드의 시장 규모가 커지다 보니 2014년 들어 운용

업체들이 경쟁적으로 펀드를 출시하면서 개수도 2012년 말 13개에서 2014년 11월 21일 현재 44개로 빠르게 늘어났다.

물론 선택의 폭이 넓어진 장점도 있지만 한편으로는 소규모 펀드 난립에 대한 부작용도 우려된다. 경기와 증시의 부침에 무관한 안정적 성과를 내는 검증된 알짜배기 롱-숏 펀드를 찾기엔 역사가 짧다는 점도 한계로 볼 수 있다.

이런 우려 때문일까, 아쉽게도 2013년 시장에서 히트한 롱-숏 펀드들이 2014년에는 그다지 신통한 성과를 내지 못했다. KB코리아 및 한일 롱-숏 펀드만이 이름값을 했을 뿐, 기존의 대표펀드들은 2%대 중반의 초라한 성적을 냈고 10월 이후의 주가 급락기에도 선방하는 모습을 보여주지 못했기 때문이다.

앞으로 시간이 지날수록 우후죽순처럼 생겨난 롱-숏 펀드들 중에서도 장기성과에 따른 진정한 옥석이 점차 가려질 것으로 보인다.

[표 2-1-1] 국내 주요 롱—숏 펀드 현황

소유형	상품명	설정일	설정액 (억원)	수익률 (3M)	수익률 (6M)	수익률 (1Y)	수익률 (3Y)	표준 편차(1Y)	샤프 지수(1Y)
국내	트러스톤다이나믹코리아50 증권자투자신탁[주식혼합]	2011-06-27	2,681	3.79	5.58	3.92	27.40	6.68	0.24
국내	마이다스거북이50증권자 투자신탁 1(주식혼합)	2012-10-09	444	2.44	4.17	5.03	–	2.76	0.98
국내	미래에셋스마트롱숏50증권 자투자신탁 1(주식혼합)	2014-03-12	834	5.34	5.38	6.16	–	4.40	0.86
국내	대신멀티롱숏증권자투자 신탁[주식혼합](운용)	2013-11-04	43	3.57	11.30	10.77	–	9.35	0.86
국내	삼성 알파클럽코리아롱숏 증권자투자신탁[주식]	2013-06-12	114	7.72	9.87	4.13	–	7.04	0.26
국내외	KB 한일 롱—숏증권자투자신탁 (주식혼합—파생형)(운용)	2014-02-14	144	2.45	5.93	9.32	–	2.37	2.82
국내외	한국투자아시아포커스 롱숏증권자투자신탁 (주식—파생형)(모)	2014-02-14	140	3.79	7.79	12.32	–	5.42	1.73

* 자료 : 본드웹, 설정액의 경우 종류형 합산, 2015년 5월 26일 기준

더 알고 싶어요 '롱-숏펀드'의 한정판 명품, 한국형 헤지펀드

저금리 기조 속에 마땅한 투자처를 찾지 못해 고민하던 '슈퍼리치'들이 49인 이하의 사모투자자들만 투자하는 사모형 롱-숏 펀드(일명 한국형 헤지펀드)에 주목하고 있다.

2011년 9월 관련법령 개정 이후 국내에 등장한 한국형 헤지펀드가 인기를 끌고 있는 것이다. 금융감독원에 따르면 2014년 12월 말 국내에서 운용되는 헤지펀드는 총 32개이며 이들이 운용하는 자산

총액은 2조6천억원으로 규모는 아직 적지만 2011년 이후 연 8천억원씩 빠른 속도로 증가하고 있다.

한국형 헤지펀드의 인기 비결은 높은 수익성과 안정성을 겸비한 데 있다. 금융투자업계에 따르면 12월 17일 기준으로 2014년 한 해 동안 KOSPI는 −5%, 국내 주식형 펀드는 평균 −6.92%로 저조했지만 헤지펀드는 3.93%의 평균수익률을 기록했다.

이 중 대표펀드들의 성과는 매우 양호하다. 2012년 9월 설정된 브레인자산운용의 '브레인 백두 전문 사모펀드 1호'는 2014년 12월 17일 기준으로 누적수익률 47.2%를 기록했다. 이외에 '삼성H클럽 Equity 헤지 전문사모펀드 시리즈'와 '미래에셋스마트Q오퍼튜니티 펀드'도 설정일 이후 2014년 12월 17일까지 각각 26.4%, 19.1%의 누적 수익률을 내었다고 한다.

이로 인해 점차 늘어나는 투자수요를 감안하여 금융위원회는 2014년 헤지펀드 운용사들의 진입 조건을 낮추고, 여러개 헤지펀드를 묶어 하나의 공모형 상품으로 파는 '재간접 헤지펀드'를 허용해 5억원 미만의 투자도 참가할 수 있도록 하는 사모펀드 개편방안을 발표했다. 이로 인해 2020년에는 국내 헤지펀드 규모가 13조원까지 증가할 것으로 전망하고 있다.

하지만 물론 헤지펀드라고 다 우수한 성적을 낸 건 아니다. 일부 상품은 고액의 수수료를 받는데도 마이너스 수익률을 내는 경우도 있다. 롱−숏 전략을 쓰는 헤지펀드는 어떤 경우에도 (+) 수익을 안정적으로 내는 것이 목표인 만큼 과거의 장기 성과와 더불어 운용기간 중 매니저 교체 여부를 꼭 확인해 봐야 한다.

2 박스권 장세에 강한 커버드콜 펀드

다크호스라는 말은 1831년 영국 빅토리아 시대에 총리를 지낸 디즈레일리가 자신의 저서에서 '알려지지 않았지만 경마에서 우승했던 말'이라는 의미로 처음 사용했다고 한다. 현재는 경마뿐만 아니라 모든 분야에서 '잘 알려지진 않았지만 역량이 뛰어나 깜짝 놀랄 성과를 낼 만한 신인'을 통칭하는 말이 됐다.

앞서 본 롱-숏 펀드가 2014년 중위험 중수익 펀드의 신데렐라였다면 '커버드콜 펀드'는 중위험 중수익 펀드의 다크호스였다고 할 만하다. 지지부진한 주식시장의 흐름이 지속되는 가운데 커버드콜 펀드가 알찬 성과를 꾸준히 내어 왔으며 향후 전망도 밝기 때문이다.

다른 펀드들에 비해 활성화 되지는 않았지만 현재 시장에 출시된 '커버드콜 펀드'의 최근 2년간 성과는 꽤 양호했다. 대표격인 미래에셋배당프리미엄 펀드는 2015년 2월말 현재 최근 3개월 수익률 2.44%, 1년 수익률 8.28%, 2년 수익률 29.55%로 같은 기간 KOSPI의 0.62%, 1.13%, −0.35%를 각각 크게 웃돌았다. [그림 2-2-1]은 국내 주요 '커버드콜 펀드'의 최근 성과를 그래프로 나타낸 것이다.

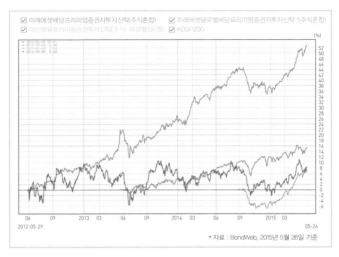

* 자료 : BondWeb, 2015년 5월 26일 기준

[그림 2-2-1] 국내 주요 커버드콜 펀드의 성과

주식을 사고 콜옵션을 파는 커버드콜 펀드의 운용방식

커버드콜 펀드는 일반 펀드처럼 주식을 사는 동시에 현재 주가보다 약간 높은 행사가격의 콜옵션을 팔아 추가 수입을 얻는다. 앞서 본 롱-숏 펀드와 다른 점은 하락장에서 손실을 줄이기 위해 공매도 대신 콜옵션을 파는 것이다. 이런 운용방식을 '커버드콜' 전략이라고 한다.

여기서 선물, 옵션 같은 용어에 친숙하지 않은 독자들은 콜옵션을 판(매도한)다는 말이 무척 생소하게 느껴질 것이다. 파생금융상품의 일종인 콜옵션은 사전에 정해놓은 행사가격으로 주식을 살 수 있는 권리를 말한다. 다시 말해 주가가 행사가격 이상 올라가면 그 차액만큼 수익이 나는 복권이라고 보면 간단하다.

예를 들어 당신이 "다음달 정해진 날짜에 A주식을 무조건 1만원에 팔겠다"는 콜옵션을 100원에 팔았다고 치자. 이후 약속한 날에 A주가가 행사가격인 1만원보다 높은 1만 2천원이 되면 당신은 이 가격에 주식을 사서 콜옵션을 산 사람에게 1만원만 받고 팔아야 하므로 2천원 손해를 보지만 반대로 A주가가 1만원 아래로 떨어지면 100원을 고스란히 챙기게 된다. 이때 챙기는 100원의 판매수입을 '프리미엄'이라고도 한다.

콜옵션, 사는 것보다 파는 것이 더 좋다

"잠깐만요, 그런데 당신 말대로 옵션을 팔면 푼돈을 몇 푼 받는 대신 만약 주가가 올라가면 큰 손실을 볼 수도 있는 위험을 떠 안는다는 이야기 아닌가요? 그렇게 위험한 걸 왜 하는 거죠?" 내가 옵션 매도에 대해 이야기할 때 가장 많이 듣는 질문 중 하나이다. 하지만 확률을 생각해 보면 아주 간단하다. 예를 들어 로또복권을 사는 자와 파는 자, 과연 누가 더 이익일까? 얼핏 보면 게임료 천원만 받고 자칫하면 수십억원의 당첨금을 줘야 하는 '파는 자'보다는 천원만 투자하고 잘 하면 수십억, 수백억원도 받을 수 있는 '사는 자'가 더 좋아 보인다. 하지만 로또복권 평균 당첨금액은 판매액의 50%에 불과하다. 판매자가 50%의 마진을 남기는 것이다.

이유는 바로 그 정도의 이익이 나도록 사전에 조절된 로또복권의 당첨확률 때문인데 참고로 현재 1등 당첨확률은 814만분의 1이라고 한다. 이 정도라면 80명 중 한 명의 머리카락에 한 가닥만을 색칠해 둔 다음 실험자가 눈을 가린 채 80명 중 그 사람을 정확히 찾아내고 머리를 더듬어 색칠한 머리칼까지 정확히 뽑아 낼 확률과 비슷한 셈이다.

보험도 비슷한 사업이다. 보험사들은 매월 몇 만원씩 소액의 보험료를 받다가 가입자가 암에 걸리면 몇 천만원의 보험금을 내놓는 '암보험'을 파는데 보험사들은 이를 통해 많은 이익을 낸다. 이유는 암에 걸릴 확률이 안 걸릴 확률보다는 많이 낮다는 것과 이를 고려해서 확률적으로 이익이 나도록 지급할 보험금을 정하고 보험료를 받기 때문이다.

콜옵션도 그 특성상 행사가격보다 주가가 높아져서 옵션 판매자가 손해를 볼 확률은 30%가 채 안 되는 반면 돈을 물어주지 않고 판매할 때 받은 '프리미엄'을 고스란히 챙길 확률은 70%를 훌쩍 넘는다. 여기에 판매수입과 행사가격을 조절하면 이 확률을 더욱 높여 안정적으로 돈을 벌수 있다.

'현명한 옵션매도 투자자'의 저자이자 선물회사 리버티 트레이딩그룹 회장인 제임스 코디어는 만기까지 옵션을 보유할 때 75~80%가 가치 없이 소멸한다고 하였다. 또한 2003년 선물거래 전문지 퓨처스는 연구결과 1997~1999년까지 전세계의 주요 선물시장[4]에서 만기일에 행사되지 못하고 소멸한 옵션이 100개 중 77개 가량이라고 했다.

따라서 콜옵션을 사는 것이 훨씬 유리해 보이지만 반복되면 될수록 정작 돈을 버는 쪽은 콜옵션을 파는 쪽이고 콜옵션을 사는 쪽은 돈을 잃는 이유가 바로 여기에 있다. 실제로 시장에서 옵션을 사는 쪽은 일반 개미투자자들이 많은 반면 옵션을 파는 쪽은 정보도 돈도 훨씬 많은 큰 손들이 많다.

---

4) S&P500지수, 나스닥100지수, 유로달러, 일본 엔, 소(생우)선물을 기초자산으로 하는 옵션을 1997~1999년간 추적 조사하는 방식으로 진행, '현명한 옵션매도 투자자' 발췌

안정성과 수익성 모두 높은 커버드콜 전략

앞서 본 것처럼 콜옵션 매도는 얼핏 생각되는 것과는 달리 매수보다 더욱 안전하고 좋은 투자방식이다. 여기에 옵션 행사가격을 현재 주가보다 높여서 팔면 옵션이 행사될 확률을 더 낮출 수 있다. 예를 들어 A는 행사가격 11만원에, B는 13만원에 콜옵션을 각각 팔았다면 나중에 손해 없이 판매수입을 고스란히 챙길 가능성은 당연히 B가 높다.

이런 이유로 기관 투자자들은 주가 하락시의 충격을 줄이기 위해 현재 주가보다 약간 높은 행사가격의 콜옵션 매도를 병행하는 '커버드콜 전략'을 종종 사용한다. 콜옵션만 꾸준히 팔아도 수익을 쌓을 수 있어 손실 위험을 어느 정도 커버할 수 있기 때문이다.

예를 들어 통상 커버드콜 전략에서는 발행시점의 주가보다 5% 이상 높은 행사가격의 콜옵션을 파는데 모 증권업체가 2000년 1월부터 2011년 8월까지 KOSPI200을 바탕으로 이 전략을 사용했을 경우 78%[5]는 판매수입을 고스란히 챙긴 것으로 나타났다. 덧붙여 같은 기간 커버드콜 전략

---

5) 2000년 1월~2011년 8월간 발행시점보다 5% 높은 KOSPI200 콜옵션 매도를 매월 반복한 경우, 신영증권 2011. 9. 20 커버드콜 전략 성과 업데이트 참조, 한주성

은 일반 주식투자보다 67.5%(연 평균 4% 중반)의 초과수익
을 낸 것으로 확인되었다.

'커버드콜 전략'이 좋을 때와 나쁠 때

이처럼 중위험 중수익 구조를 만드는 데 커버드콜 전략
은 효과적이다. 그럼 과연 주가의 흐름에 따라 커버드콜 펀
드의 성과는 어떻게 달라지는가?

그리고 과연 어떤 구간에서 커버드콜 펀드가 가장 효과
적인가? 이를 위해 주가의 흐름을 4가지 구간으로 구분해
서 보도록 하자. 다만 이해를 편하게 하기 위해 보유하는
실물주식은 콜옵션의 기초자산과 동일한 KOSPI200으로
가정했다.

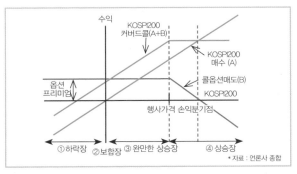

[그림 2-2-2] 커버드콜 펀드의 구간별 수익구조

① 투자시점보다 주가가 하락한 경우(하락장) : 콜옵션 가치가 없어지면서 콜옵션 판매수입(프리미엄)은 확실히 챙길 수 있지만 가지고 있는 주식에서 더 큰 손실이 발생하면서 전체적으로는 손실을 피하기 어렵다. 예를 들어 시장가격보다 4~5% 높은 행사가격의 콜옵션을 팔아 얻는 현금수입이 대략 연 4% 내외라고 가정할 때 이보다 주가 하락세가 더 가파르다면 어쩔 수 없이 그동안 모아둔 현금수입을 날리다 못해 손실이 발생하는 것이다.

② 투자시점에 비해 주가가 거의 같은 경우(보합장) : 가지고 있는 주식의 수익률은 거의 0%이지만 콜옵션은 소멸되어 결국 판매 수입(프리미엄)만큼 수익률이 (+)를 기록하게 된다.

③ 투자시점보다는 주가가 높지만 행사가격보다는 낮은 경우(완만한 상승장) : 가지고 있는 주식에서는 수익이 발생하고 콜옵션도 소멸되어 프리미엄을 고스란히 챙기므로 주가 상승분과 프리미엄 수입을 합한 만큼 (+)수익이 발생하게 된다.

④ 주가가 투자시점은 물론이고 행사가격보다 더 높게 상승한 경우(상승장) : 가지고 있는 주가는 상승한다. 반면 콜옵션은 행사되어 산 사람에게 [주가 - 행사가격] 만큼 돈을 지급해야 한다. 즉 수익은 행사가격 - 주식 매입가격 + 옵션 프리미엄으로 제한된다. 이런 이유로 주가가 급등하면 일반 주식형 펀드에 비해 실망스러운 성과를 볼 수도 있다.

결론적으로 커버드콜의 성과는 주가가 크게 상승할 때 이외의 다른 모든 경우에서 일반적인 주식 투자보다 우수하다고 볼 수 있다. 이는 상승기 때 얻을 수 있는 이익을 일부 포기하는 대신 안정적인 현금수입을 선택하는 커버드콜의 구조적 특징 때문이다. 특히 '보합장'과 '완만한 상승장'은 커버드콜 전략이 가장 돋보이는 경우라고 할 수 있다.

안정적인 현금수입을 창출하는 하이브리드 커버드콜 전략

사회나 기업이 고성장을 할 때야 모르지만 저성장 시기에는 이익을 배당으로 나눠주는 게 더 매력적으로 보인다. 사내에 유보해 봐야 괜히 돈을 놀리거나 잘못 투자해서 되려 손실을 볼 수도 있기 때문이다. 이런 이유로 고령화 저성장으로 저금리가 고착화 되는 사회에서는 배당을 많이 주는 주식이나 부동산이 더욱 인기를 끌게 된다.

이런 논리를 바탕으로 2010년 이후 노무라 증권에서는 전통적인 커버드콜 펀드와는 조금 다른 구조의 펀드를 출시하여 투자자들로부터 많은 인기를 끌었다. 콜옵션 매도는 동일하되 주식 포트폴리오는 최대한 우선주 같은 고배당 주식과 임대형 부동산 지분인 리츠로 채워 넣는 것이다.

소위 하이브리드 커버드콜이라고 할 수 있는 이런 운용 구조는 현금수입을 최대한 끌어올려 안정적인 수익을 내는 방식이다. 노무라 증권은 이 펀드를 출시하여 1.2조엔(한화 약 12조원, 1엔=10원 가정)의 매출을 올렸다.

2012년 국내에도 미래에셋자산운용이 우선주와 고배당 주를 주식 포트폴리오에 편입하는 동시에 콜옵션 매도를 병행한 하이브리드 커버드콜 펀드를 출시했다. 안정적인 현금수입을 최대한 늘려서 수익을 웬만한 원금 손실에도 버틸 수 있도록 설계된 것이다.

해당 펀드매니저에 따르면 국내 고배당주나 우선주에 투

자할 경우 배당수익률을 연 2~3%로 끌어올릴 수 있고 여기에 콜옵션 판매수익 추정치 연 4%(운용사 추정)를 더하면 매년 연 6~7%대의 수익을 깔고 가는 셈이라고 한다.

만약 주가가 −20%가량 떨어지고 아예 회복하지 못하더라도 3년이 지나면 최소한 원금은 건진다는 결론이 나온다.

그럼 과연 포트폴리오의 주된 편입대상인 배당주나 우선주에 대한 향후 전망은 어떠한가? 결론적으로는 국내 배당주와 우선주 투자는 중장기적으로 손실보다 시세차익을 볼 가능성이 더욱 높다. 즉 배당주와 우선주는 앞으로도 꾸준히 상승할 가능성이 높다는 것이다.

그 이유는 우선 경제 성장률과 금리가 인구 고령화 등과 맞물려 장기적으로 꾸준히 낮아질 것으로 예상되기 때문이다. 배당주는 경기가 그다지 좋지 않으면서 금리는 하락하거나 바닥에 있을 때 더욱 투자매력이 높아진다. 또한 최근처럼 기업이익 증가율이 정체될수록 투자자들도 시세차익보다는 배당수익에 더 관심을 두게 된다.

여기에 우선주의 경우 타 선진국과 비교할 때 보통주 대비 가격 비율이 낮아 향후 저평가로 인한 가격상승 이슈도 있다. 미국·캐나다·영국·독일 등 선진국에서는 우선주와 보통주간 주가 괴리율이 10%도 채 되지 않는다고 한다.

반면 국내는 지난 해 우선주 가격상승으로 많이 줄었다고 하지만 여전히 선진국에 비해 괴리율이 큰 편이다. 다만 유동성이 적어 가격변동성이 크다는 점은 감안할 필요가 있다.

물론 저금리와 더불어 배당에 대한 관심 때문에 우선주를 포함한 고배당주들의 가격이 많이 높아진 점은 부담이다. 하지만 우리나라는 향후 배당주 공급물량이 늘어나면서 투자 저변도 확대될 가능성이 높다. 정부가 정책적으로 기업들의 배당을 유도하고 있으며 재벌 3세들의 경영권 승계에서 진행되는 기업 지배구조 개편도 상속세 재원 마련을 위한 배당률 증가를 유발할 수 있기 때문이다. 여기에 롱-숏 펀드처럼 커버드콜 펀드 또한 국내 주식시장과 옵션시장에 투자하는 경우에는 절세 효과가 높다. 펀드에서 발생하는 주식의 매매차익은 물론이고 매월 발생되는 콜옵션 매도 프리미엄 또한 채권 이자와 달리 비과세되기 때문이다. 단 주식의 배당금과 채권의 이자수입은 과세된다.

국내 출시중인 주요 커버드콜 펀드 현황

전통적인 커버드콜 펀드보다는 하이브리드 커버드콜 펀

드의 수익성이 높게 나타나는 것을 볼 수 있다. 2006년 이후 마이다스자산운용에서 고배당주를 편입한 하이브리드 커버드콜 전략을 활용해 히트를 친 바 있으며 2012년 이후에는 역시 우선주와 배당주를 편입한 미래에셋 배당프리미엄펀드가 많은 인기를 끌었다. [표 2-2-1]은 현재 국내 주요 커버드콜 펀드 현황을 정리해서 보여주고 있다.

[표 2-2-1] **국내 주요 커버드콜 펀드 현황**

유형	상품명	설정일	설정액 (억원)	수익률 (3M)	수익률 (6M)	수익률 (1Y)	수익률 (3Y)	표준편차 (1Y)	샤프지수 (1Y)
하이브리드	미래에셋배당프리미엄증권자투자신탁(주식혼합)	2012-03-20	4,888	7.71	10.87	11.87	53.01	7.03	1.28
하이브리드	미래에셋글로벌배당프리미엄증권자투자신탁(주식혼합)	2013-05-20	135	1.80	3.16	7.88	–	6.45	0.83
하이브리드	미래에셋차이나배당프리미엄증권자투자신탁 1(주식혼합)	2014-10-20	130	12.13	18.33	–	–	–	–
일반	대신밸류프리미엄증권투자신탁[주식-파생형](운용)	2014-08-25	127	8.63	13.12	–	–	–	–
일반	마이다스KOSPI200 커버드콜증권상장지수투자신탁[주식]	2011-02-10	340	4.68	6.55	2.81	10.83	10.26	0.05
일반	마이다스커버드콜증권투자회사(주식)	2002-04-19	64	9.21	13.15	11.11	18.54	10.43	0.80

* 자료 : 본드웹, 설정액의 경우 종류형 합산. 2015년 5월 26일 기준

3 주식과 채권의 장점을 지닌 메자닌 펀드

지난해 5월, 국밥집에서 나 있을 법한 '원조 가리기' 논쟁으로 서울시가 들썩거렸다. 인기 애니메이션 '꼬마버스 타요'를 활용한 박원순 서울시장

의 어린이 날 행사에 오세훈 전 시장 측이 본인 재직 당시 캐릭터가 만들어 졌다는 이유로 '원조'를 주장하며 캐릭터 사용에 항의해 화제가 된 것이다.

이 뉴스를 본 나는 '최근 다양하고도 수많은 중위험 중수익 펀드가 출시되었는데 이 중에는 무엇을 원조로 들 수 있을까?'라는 생각을 하며 인터넷을 찾아보았다. 그런데 지금 소개할 메자닌 펀드(Mezzanine Fund)가 기록상으로는 1950년대에 처음 출시되었다고 하니 이 정도면 중위험 중수익 펀드의 원조라고 할 만하다.

메자닌 펀드는 안전자산인 채권과 위험자산인 주식에 비해 중간 정도의 수익성과 위험성을 가지는 메자닌 증권들 중 전환사채, 신주인수권부사채 등과 같은 '주식관련 사채'에 투자하는 펀드[6]이다. 참고로 메자닌은 이탈리아어로 건물 1층과 2층 사이에 있는 공간이란 의미이다.

이처럼 중위험 중수익 펀드 중 원조인 메자닌 펀드가 유럽 재정위기 이후 저금리와 금융불안이 동반된 최근 몇 년

---

6) 원래는 후순위채권 등에 투자하는 펀드도 메자닌펀드에 포함되나 여기서는 제외했음.

간 양호한 성과를 내며 그 인기가 계속 높아지고 있다. 옛
날 맥아더 장군이 퇴임식 날 했던 말처럼 '노병은 결코 죽
지 않았음'을 후배 펀드들에게 보여준 셈이다. [그림 2-3-1]
은 국내에 출시된 주요 메자닌 펀드들의 최근 성과이다.

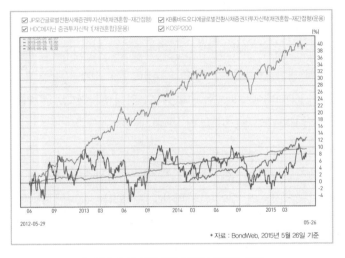

[그림 2-3-1] **국내 주요 메자닌 펀드의 성과**

주식관련사채(1) – 전환사채

80~90년대 홍콩영화 팬이라면 주성치가 주연한 '도성'이
라는 영화를 본 적이 있을 것이다. 홍콩으로 간 주성치는
초능력으로 카지노에서 돈을 긁어 모으는데 어느 날 사랑

하는 여자가 납치를 당하면서 마음이 혼란해지자 초능력이
사라지면서 위기를 맞는다. 하지만 그녀가 구출된 것을 확
인한 후 다시 초능력을 찾아 최후의 잭팟을 터뜨리게 된다.

여하튼 영화에서 주성치는 눈을 감고는 패를 손에 쥐고
비비면서 '차패!'라고 외칠 때마다 카드 안의 숫자와 문양이
바뀌는 '차패술'의 힘으로 도박판에서 연전연승을 하게 된
다. 당시 고등학생이었던 나는 그 영화를 본 후 틈만 나면
방안에서 카드를 비비며 '차패!'를 외쳤다. 혹시나 나에게도
그런 능력이 있을까 하는 꿈 같은 희망을 가지고.

그런데 차패술처럼 평소에는 채권이었다가 발행기업의 주
가가 좋으면 주식으로 바꿔 높은 수익을 낼 수 있는 채권이
있다. 즉 전환사채(CB: Convertible Bond)인데 바로 일정 기
간이 지나면 이 채권을 발행 기업의 주식으로 특정 가격에
바꿔주는 '전환권'이 붙어 있기 때문에 이런 일이 가능하다.

이때 전환 가능시기는 채권을 발행하는 기관이 정하기
나름이지만 통상 발행 후 3개월부터 전환 가능한 경우가
가장 많다. 그리고 주식을 얼마로 놓고 전환할 것인지를 결
정하는 전환가격도 채권 발행 당시 미리 정해둔다.

예를 들어 A사가 이자율이 연 2%, 채권 액면가와 주식 전환가격은 모두 10,000원이고 발행 후 3개월이 지난 다음부터 전환 가능한 1년 만기 전환사채를 발행했다고 치자. 이 때 '갑돌이'가 여기에 투자하고 3개월이 지난 이후에 A사 주가가 급등해 12,000원이 됐다면 그는 전환사채를 A사 주식으로 바꾸어 주당 2,000원에 이르는 시세차익을 얻을 수 있다.

반면 투자하고 3개월이 지난 시점에 주가가 10,000원 아래로 떨어졌다면 만기까지 주가가 상승하길 기다리면 된다. 만약 만기 때도 주가가 10,200원에 못 미친다면 채권을 돌려주고 A사에다가 원금과 2% 이자인 10,200원을 돌려 받을 수 있다.

주식관련사채(2) - 신주인수권부사채

신주인수권부사채(BW: Bond with Warrant)란 발행한 기업의 주식을 일정한 양만큼 약정된 값에 매입할 수 있는 권리(워런트(Warrant)라고도 함)가 부여된 채권을 말한다. 이를 통해 일정 기간(통상 3개월)이 경과하면 미리 정해진 가격으로 주식을 청구할 수 있다.

예를 들어 1매당 신주인수권이 2주, 권리행사가격이 10,000원인 신주인수권부사채 10매를 갖고 있는 주주는 일정 기간이 지난 다음에는 주가가 얼마가 되든지 신주 20주를 주당 10,000원에 인수할 수 있다. 만약 만기 전 주가가 행사가격보다 높은 12,000원이라면 권리를 행사해서 주식을 한 주당 10,000원씩에 산 다음 12,000원에 팔아 이익을 남길 수 있고 행사가격보다 낮을 때는 권리를 포기하면 그만이다.

전환사채와 마찬가지로 투자자는 주가가 떨어질 경우 신주인수권만 포기하면 그만이지만 주가가 올라갈 때는 매매차익(=주식의 시장가격−행사가격)을 올릴 수 있다는 것이 가장 큰 매력이다. 단 전환사채처럼 채권이 주식으로 전환되는 것이 아니라 신주를 일정가격에 살 권리만 행사할 수 있기 때문에 채권을 팔기 전까지 신주를 살 돈은 별도로 조달해야 하는 번거로움은 있다.

메자닌 증권(전환사채, 신주인수권부사채)의 수익구조

이런 이유로 메자닌 증권 중 전환사채 및 신주인수권부사채는 주가가 떨어질 때는 채권의 안전성을, 반대로 주가가 상승할 때는 주식의 수익성을 누릴 수 있어 인기가 높다. [그림 2-3-2]는 바로 이들 채권의 수익구조를 나타낸 그림이다. 즉, X축에서 행사가격을 중심으로 주가가 크게 상승했을 때, 행사가격 주변에서 보합세일 때, 주가가 크게 하락했을 때의 세 가지 경우 채권가격이 각각 어떻게 변하는지를 살펴보도록 하자.

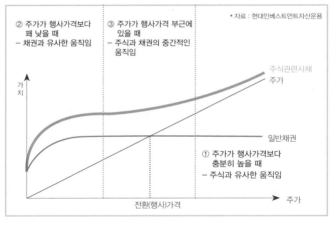

[그림 2-3-2] **주식 관련채권의 수익구조**

① 주가가 행사가격보다 충분히 높을 때

– 채권가격은 주가와 비슷하게 움직인다. 사실 여기서는 누구나 맘만 먹으면 주식으로 바꿔서 바로 시세차익을 낼

수 있기 때문에 채권으로 가지고 있는 것이 무의미하기 때문이다.(전환가능시기나 신주인수청구시기에 해당하는 경우)

2009년 3월 19일 기아차(당시 신용등급 AA-)가 4천억원의 신주인수권부사채를 발행하자 20:1의 경쟁률을 보이며 높은 인기를 끌었다. 글로벌 금융위기의 여파가 남아있었지만 투자 전망이 너무 좋았기 때문이다. 1,500원대로 치솟은 원/달러 환율로 수출경쟁력은 높아진 가운데 PER는 3배 수준까지 내려갔는데 이는 당시 주가로 투자하면 3년간 기업에서 내는 이익만으로도 투자원금은 건질 만큼 싸졌다는 말이다.

당시 신주인수권 행사가격은 6,880원이었고 2009년 4월 19일부터 2012년 2월 19일까지 행사가 가능했다. 쿠폰금리는 연 1.0%였지만 만기 보장금리는 5.5%로 높게 제시된 점도 투자매력을 높이는 요인이었다.

이후 기아차는 환율에 따른 수출경쟁력 제고와 포르테 신차 출시효과에 힘입어 수익성이 빠르게 개선되었다. 이로 인해 주가가 그해 말 2만원을 찍고 다음해인 2010년 말에는 5만원을 돌파하더니만 행사 만기시점에는 7만원대까지 상승하면서 신주인수권부사채 또한 1,000% 가까운 상승률을 보였다.

② 주가가 행사가격보다 꽤 낮을 때

반면 주가가 꽤 크게 떨어지면 어떻게 될까? 극단적인 경우가 아닌 한 주식관련사채는 주가보다 훨씬 하락폭이 적은 안정적인 모습을 보인다는 것이 정답이다. 어차피 주가가 많이 떨어져서 행사가격까지 회복이 어렵다고 해도 채권으로 가지고만 있다면 만기 때 원금과 이자를 받을 수 있기 때문이다.

프랑코-더치 항공그룹(The Franco-Dutch airline Group)의 자회사이자 프랑스 국적 기업이었던 에어프랑스-KLM는 유명한 글로벌 항공 운수업체 중 하나이다. 하지만 2008년 무리한 인수합병으로 인한 채무부담에 이어 글로벌 금융위기로 인한 유가 급등과 여행객 감소가 겹치자 재정적인 어려움을 겪었다.

이를 벗어나기 위해 회사는 2009년 6월 기존 부채를 2015년 만기의 전환사채로 바꾸었다. 당시 에어프랑스-KLM의 신용등급은 A등급이었는데 해당 전환사채의 표면금리는 연 4.97%였으며 모기업인 프랑코–더치 항공그룹에서 지급보증을 들어갔다. 이런 파격적인 조건 때문에 전환사채 발행은 성공적이었지만 회사는 연료비 상승 및 부진한 경제전망으로 어려움이 계속되자 높은 강도의 구조조정을 요구 받았다.

따라서 당시 에어프랑스–KLM의 주가는 많이 떨어졌지만 전환사채는 상대적으로 훨씬 안정적인 모습을 보였다. 2009년 6월 30일부터 2013년 6월 12일까지 에어프랑스의 주가는 23% 하락한 반면 전환사채 투자자들은 연 4.97%의 금리를 받으면서 같은 기간 동안 대략 20% 가까운 수익을 냈다. 만기에 원금상환을 전제로 하면 주식에 비해 40%가 넘는 초과수익을 낸 셈이다.

다만 기업이 심각하게 어려워져서 파산이나 법정관리 같은 극단적 문제가 생길 정도라면 그때는 주식관련 사채도 주식 못지 않게 가격이 떨어질 수 있다. 이쯤 되면 채권을 발행한 기업이 배당은 고사하고 빌린 돈도 갚을 능력이 없기 때문이다.

③ 주가가 행사가격 부근에 있을 때

주가의 움직임(변동성)에 어느 정도 영향은 받되 변동 폭은 ①에 비해 꽤 적다. 즉 주가가 상승하거나 하락할 때는 전환사채가격도 동일한 방향으로 상승 및 하락하지만 그 폭은 주가의 등락폭보다 적다는 말이다. 이 폭은 만기가 가까워 질수록 행사가격 위에서는 가팔라지고 아래에서는 완만해진다.

도전! 전문가   주가와 주식관련사채 가격결정요인은?

주식관련사채는 파생금융상품 중 콜옵션 및 채권을 사서 가지고 있는 것과 유사하다고 볼 수 있다. 주가가 올라갈 때는 전환이나 신주 인수를 통해 '현재가격–행사가격'만큼 시세차익을 낼 수 있는 반면 떨어질 때는 전환권 또는 신주인수권만 포기하면 만기 때 채권에서 원금과 이자를 받을 수 있기 때문이다.

이런 주식관련사채의 가격에 영향을 미치는 요인은 앞서 본 주가 외에 금리도 들 수 있다. 금리의 경우 1차적으로는 주식관련사채 가격에 반대방향으로 영향을 미치지만 2차, 3차적으로는 상황에 따라 같은 방향으로 영향을 미칠 수도 있다.

예를들어 주식관련사채도 채권인 만큼 우선 시중금리 상승은 1차적으로 주식 관련사채 가격을 끌어내리고 반대로 금리 하락은 사채 가격을 끌어올린다.

그런데 만약 금리가 상승하는 이유가 경기 활황 때문이라면 통상 주가도 올라가는데 이로 인해 2차적으로는 전환권 또는 신주인수권 가격 상승으로 주식관련사채 가격이 오히려 올라갈 수도 있다. 반대로 금리 하락의 이유가 경기 침체이며 주가 하락을 동반하면 사채 가격이 하락할 수 있다.

또한 주가의 등락폭을 나타내는 변동성도 주식관련사채 가격을 변화시키는 주된 요인이다. 통상 주가 변동성이 커지면 주식관련사채 가격은 상승하는데 예를 들어 주가가 5%보다는 10%씩 왔다갔다 할 때 전환권이나 신주인수권 행사를 통한 시세차익 폭이 더 크기 때문이다. 물론 떨어질 때는 권리만 포기하면 더 이상의 손해를 볼 필요가 없다.

전환권과 신주인수권 행사 만기도 중요한데 만기가 짧아질수록 주식관련사채 가격도 더 하락하게 된다. 만기가 적게 남을수록 시세차익을 낼 수 있는 기회도 그만큼 줄어들기 때문이다. 마지막으로 배당률이 높으면 높을수록 주식관련사채 가격은 하락한다. 배당을 많이 할수록 그 다음날 주가가 떨어지는 이른바 배당락도 더 크기 때문이다.

메자닌 펀드, 편입 채권의 신용위험 관리능력이 중요

"한 가지 이해가 안되는 건요, 채권을 발행하는 기업이 왜 이런 권리를 붙이냐는 겁니다. 괜히 주가가 올라가면 회사 입장에서는 주식만 싸게 뺏기는 꼴이 될 텐데 말이죠." (마포구 도화동 K씨-40세, 은행원)

세상에 공짜는 없는 법, 전환사채나 신주인수권부사채에 이런 권리가 덤으로 붙어 있는 이유는 내 신용보다 돈을 싸게 빌리기 위해서이다. 만약 당신이 당장 목돈은 필요한데 최근 신용도가 좋지 않아 높은 이자부담이 고민되는 기업체의 사장이라면 어떻게 이 일을 해결할 것인가?

이처럼 전환사채는 회사가 주식 전환권을 주는 대신, 신주인수권부사채는 인수권을 주는 대신 꽤 낮은 이자부담으로 자금을 조달할 수 있는 수단으로 이용되고 있다. 그런데 자금이 당장 필요하지만 신용도에 문제가 있어 쉽게 빌리지 못하는 기업들이 이런 채권을 주로 발행한다는 사실에 주목할 필요가 있다. 실제로 이들 채권들은 발행 당시 발행사의 재무구조나 신용도가 상대적으로 좋지 않은 경우가 많다.

따라서 메자닌 펀드에 투자할 때는 우선 펀드 내에 편입된 채권이 잘 분산되어 있는지를 살펴보고 만약 그렇지 않다면 채권 발행기업의 재무 건전성이나 채권의 남은 만기에 대해서 좀 더 확인해 볼 필요가 있다. 만약 재무 건전성이 좋지 않고 남은 만기도 긴 편이라면 위험성이 높다고 볼 수 있다.

이 외에도 과거 펀드 운용시 편입 종목의 부도율이나 평균 신용등급을 확인해서 위험관리 역량을 비교해 보는 것도 메자닌 펀드의 옥석을 가릴 수 있는 방법 중 하나이다. 비슷한 성과를 보이는 펀드라면 당연히 평균 신용등급이 높고 부도율이 낮을수록 더욱 운용역량이 뛰어난 펀드라고 볼 수 있다.

단 해외 메자닌 펀드의 경우 평균 신용등급을 정확히 확인하기 어려울 수 있다. 미국·유럽에서는 전환사채 발행시 신용평가가 필수사항이 아닌 관계로 신용평가를 받지 않은 종목도 꽤 있기 때문이다.

국내에 출시된 주요 메자닌 펀드 현황

메자닌 펀드는 투자대상에 따라 미국 등 선진국 중심의 해외 메자닌 증권에 투자하거나 국내 메자닌 증권에 투자하는 두 가지로 나눌 수 있다. 이 중 해외 메자닌 펀드에 대한 투자자들의 관심이 최근 1~2년간 많이 커지고 있다.

그 이유는 우선 최근 미국을 중심으로 한 선진국 경기가 회복세를 보이면서 해외 메자닌 펀드의 성과들이 꽤 양호했기 때문이다. 게다가 해외 메자닌 펀드들 대부분이 공모

형으로 출시되어 누구나 투자하기 편한 데다가 주된 투자
대상인 미국·유럽 등 선진국 증시전망이 긍정적이라는 점
도 높은 인기의 비결이 되었다. 최근에는 중국증시의 상승
과 대외개방으로 인해 중국기업이 발행하는 메자닌 증권에
일부 투자하는 펀드가 출시되어 인기를 끌고 있다.

반면 국내 메자닌 펀드는 대부분 가입조건(49인 이하)에
제약이 있는 사모형으로 출시되고 있다. 시장 규모가 크지
않아 소수의 채권을 담을 수밖에 없는데 주식전환이나 신
주인수를 통해 펀드에서 수익이 나려면 통상 1~2년 정도의
시간이 필요하기 때문이다. 하지만 양호한 수익성을 내온
운용사들이 출시하는 일부 사모펀드들은 전문 투자자들
위주로 꽤 높은 인기를 끌고 있다.

[표 2-3-1] **국내 주요 메자닌 펀드 현황**

유형	상품명	설정일	설정액 (억원)	수익률 (3M)	수익률 (6M)	수익률 (1Y)	수익률 (3Y)	표준편차 (1Y)	샤프지수 (1Y)
해외	JP모간글로벌전환사채증권투자신탁 (채권혼합-재간접형)	2010-05-28	512	1.76	5.29	6.25	40.27	5.79	0.66
해외	KB롬바드오디에글로벌전환사채증권자투자신탁 (채권혼합-재간접형)	2014-01-20	253	3.06	7.29	10.31	-	4.48	1.70
국내	HDC메자닌증권투자신1 [채권혼합](운용)	2010-04-21	19	0.38	1.39	2.95	9.60	0.81	0.86
국내	KB메자닌사모증권투자신탁1 [주식혼합]	2010-05-31	828	1.57	1.92	4.39	19.54	3.78	0.55
국내	마이애셋메자닌M사모증권투자신탁[혼합채권]	2010-04-27	30	0.63	11.82	12.56	19.12	10.83	0.93

* 자료 : 본드웹, 설정액의 경우 종류형 합산, 2015년 5월 26일 기준

4 고령화시대에 주목받는
해외채권형 펀드

초(招) 보수적인 일본인들도 반한 중위험 중수익 펀드의 베스트셀러

1990년 버블붕괴 이후 일본은 사상 초유의 초장기 경기 침체에 빠지게 된다. 1995년 들어 잠깐 회복되는 모습도 보였으나 1996년 소비세 인상과 1997년 아시아 외환위기라는 원투펀치를 맞은 일본경제는 다시 회생불능 상태에 빠졌다. 결국 이 나라는 사상 초유의 제로금리 정책을 폈고 국민들은 연 0%대 금리의 정기예금 대신 새로운 대안을 찾아야 했다.

그런 일본인들에게 가장 오랫동안 사랑 받은 투자상품이 바로 해외채권이다. 초기에는 일본보다 금리가 다소 높고 상대적으로 안전한 호주나 미국 등 선진국 채권이 주된 투자대상이었으나 시간이 갈수록 브라질·인도 같은 신흥국의 고금리 채권으로 확대되었다.

해외채권에 투자하는 해외채권형 펀드는 일본 외에 홍콩·대만 등 다른 저금리 국가들에서도 많은 인기를 끌었다. 한국에서도 양호한 장기성과와 더불어 글로벌 금융위기 이후 저금리와 주식투자 불안심리가 맞물리면서 인기가 점차 높아지고 있다. [그림 2-4-1]은 국내 출시된 주요 해외채권형 펀드들의 성과를 나타내고 있다.

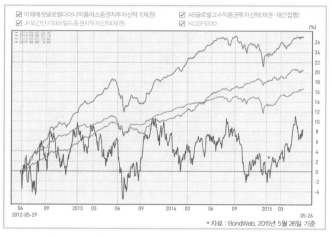

[그림 2-4-1] 주요 해외채권형 펀드의 성과

해외채권형 펀드의 주된 투자대상은 고금리 채권

해외채권은 너무나도 다양하지만 이 중 국내에서 출시된 해외채권형 펀드의 주된 투자대상은 대한민국 은행 예금보다 금리가 높은 채권들이다. 그렇지 않다면 굳이 어렵고 복잡한 해외채권에 투자할 이유가 없기 때문이다.

예를 들어 2015년 1월 30일 현재 10년 만기 국채금리는 한국의 경우 연 2.24%에 불과하지만 브라질의 경우 연 11.78%, 인도의 경우 연 7.76%에 달한다. 그 밖에도 고금리를 제시하는 신흥국 국채나 투기등급 회사채들이 많다.

반면 미국이나 독일·일본 등 선진국의 정부나 지자체, 또는 우량기업이 발행하는 채권들은 통상 한국의 국채보다 금리가 낮은데 예를 들어 1월 30일 현재 10년 만기 미 국채금리는 1.65%에 불과하다. 따라서 이들은 글로벌 금융위기나 유럽 재정위기와 같이 전세계 금융시장이 불안할 때는 안전자산으로서 가치가 올라가기도 하지만 통상 투자 매력은 낮은 편이다.

그럼 과연 해외 고금리 채권들은 이름에 걸맞게 장기적으로 높은 수익이 났을까? 미래에셋 은퇴연구소에 따르면 지난 2002년부터 2012년 3월 말까지 해외 고금리채권 중 이머징 채권은 186~259%, 미국 하이일드 회사채는 146% 상승했다. 반면 같은 기간 국내 채권은 고작 79% 상승했고 고수익 자산인 국내 주식 상승률도 190%에 불과했다고 한다.[7]

---

7) 미래에셋은퇴연구소 발행 [해외채권] 24p 참조

이처럼 해외 고금리 채권은 말 그대로 고금리와 글로벌 경제성장 덕에 과거 장기성과가 양호했으며 향후에도 높은 투자 수익이 기대된다. 전세계가 늙어가는 가운데 유동성의 힘으로 돈 많은 선진국의 금리는 점차 하향 안정화 되고 있어 이들에 대한 투자수요는 지속적으로 증가할 가능성이 높기 때문이다. 실제로 저금리 고령화를 겪는 일본·홍콩에서는 해외 고금리 채권에 투자하는 펀드들이 상당한 인기를 끌고 있다.

해외 고금리 채권에는 어떤 것들이 있나?

해외 고금리 채권은 대표적으로 ① 브라질·인도 등 신흥국 정부나 지자체 등이 발행하거나 ② 선진국에 있지만 신용등급이 낮은 회사들이 발행하는 채권으로 나눌 수 있다. 이들 중 대다수는 투기등급(투자 부적격) 수준의 낮은 신용등급을 가진다.

참고로 신용등급이란 신용평가기관들이 국가나 기업이 발행한 채권의 부도 확률 등을 분석해서 투자 적격등급과 투기(투자 부적격) 등급으로 신용도를 분류해 놓은 것을 말한다. 투기등급은 S&P로부터 BB+, 무디스로부터 Ba1 이하의 신용등급을 의미하며 투자 적격등급은 그보다 높은 등급을 의미한다.

여하튼 신흥국의 정부나 지자체 등이 발행한 채권을 이머징 채권이라고 하고 투자 부적격 신용등급의 회사가 발행한 채권을 하이일드 회사채라고 한다. 같은 고금리 채권이지만 이 둘을 굳이 나누는 이유는 발행기관의 특성상 몇 가지 차이가 있기 때문이다.

① 이머징 채권

이머징 채권은 앞서 살펴 본 것처럼 당연히 선진국 국채에 비해 금리가 높다. 이유는 우선 이머징 국가들의 경제 성장률이 높기 때문인데 통상 경제 성장이 빠를수록 돈을 빌리려는 수요도 많기 때문이다. 우리나라도 과거 신흥국으로 연 7~12%대의 고성장을 이루던 1970~1980년대에는 채권금리가 연 10~20%대를 기록하기도 했다. 참고로 1990년 이후 이머징 국가들의 연간 경제성장률은 선진국보다 평균 3% 가량 높게 나타났다.

또 다른 하나는 빌려준 돈의 일부 또는 전부를 떼 먹힐 수 있는 신용 위험 때문이다. 이머징 국가는 선진국에 비해 경제규모도 작고 구조가 취약해 문제만 발생하면 국가 전체가 큰 위기에 처하곤 했다. 예를 들어 1980년대 중남미 국가, 1990년대 말 태국·한국과 러시아, 2000년대 초 아르

헨티나는 경제불안으로 채권 부실우려가 커지자 자금이 해외로 빠져나가면서 금융위기를 맞았다.

그러나 이들 중 일부는 위기 상황에서 벗어나기 위해 재정지출을 줄이는 등 허리띠를 졸라맸다. 게다가 차츰 무역에서 흑자를 내고 외환보유액을 늘리는 동시에 환율을 외환시장에 맡겨서 경제 상황에 유연하게 대응하도록 했다. 그러다 보니 이들 국가의 환율 및 경제가 안정화 되면서 발행한 채권의 투자매력 또한 상당히 높아졌다.

예를 들어 1999년에 외환위기로 큰 어려움을 겪은 브라질은 이를 극복하기 위해 물가안정 목표제를 채택함과 동시에 외환보유고를 늘리고 변동환율제도를 적용했다. 또 노동시장을 보다 유연화 하고 연금제도를 개선하는 등 경제 체질을 개선한 결과 2000년대 중반 이후 브라질 국채는 한때 전세계에서 가장 인기가 높은 이머징 채권으로 각광받기도 했다.

이렇듯 2000년대 들어 주요 이머징 국가들이 체질 개선으로 신용도가 제고되면서 이머징 채권에 대한 수요와 더불어 시장 규모 및 채권시장에서의 비중도 빠르게 증가했다.

1994년 이머징 채권시장 규모는 글로벌 채권시장 전체의 5% 미만에 불과했지만 이후 2010년 말에는 9%까지 증가했으며 골드만삭스는 2050년에 40%까지 늘어날 것으로 전망하고 있다.[8]

이머징 채권은 다시 그 나라의 화폐로 발행한 이머징 로컬 채권과 미 달러나 유로화로 발행한 이머징 소버린 채권으로 나눌 수 있다. 예를 들어 브라질이 자금 조달을 위해 자국 내에서 로컬 채권을 발행한 경우 만기에 원금과 이자는 자국 통화인 헤알화로 갚게 된다. 반면 부족한 달러자금을 마련하기 위해 해외에서 이머징 소버린 채권을 발행하면 만기에 원금과 이자는 달러로 갚아야 한다.

이머징 소버린 채권 투자의 장점은 환율 변동에 따른 직접적 투자 손실위험을 없앨 수 있다는 것이다. 예를 들어 달러를 루블로 바꿔 러시아 로컬채권에 투자한 해외 투자자들은 2014년 말 루블화 가치가 폭락할 때 엄청난 손해를 보았겠지만 소버린 채권 투자자는 상대적으로 마음이 편하다. 러시아가 디폴트를 선언하지 않는 한 만기까지 들고 있으면 달러 원금과 이자를 받을 수 있으니 말이다.

---

8) 미래에셋은퇴연구소 발행 [해외채권] 45p 참조

반면 이머징 로컬 채권투자는 환율에 따른 수익률 변화가 크므로 사전에 이를 잘 따져보아야 한다. 대체로 성장성이 높고 무역수지 흑자가 지속되는 중국이나 한국 같은 국가들이 발행한 채권이 상대적으로 유리한데 이유는 장기적으로 그 나라의 화폐가치가 올라갈 가능성이 커서 환율변동으로 오히려 이익을 볼 수 있기 때문이다.

또한 이머징 로컬 채권투자는 해외자금 유입 및 송환규제, 그리고 세금 등 법적·정책적 문제가 생길 수 있어서 이에 대한 규정들을 미리 확인해 볼 필요가 있다. 신흥국일수록 이러한 규제가 까다롭기 때문에 더욱 주의가 필요하다.

② 하이일드 회사채

투자 부적격 신용등급의 하이일드 회사채 금리가 우량채권에 비해 상대적으로 높은 이유는 바로 낮은 신용도 때문이다. 다시 말해 고금리는 부도위험에 대한 대가인 셈이다. 그렇다고 이들 모두가 이름 없는 신생 업체이거나 파산직전의 기업들만 있는 건 아니다. 비록 빌린 돈이 많아 부채비율이 높은 등 재무상태가 좋진 않지만 전 세계적으로는 탄탄한 브랜드 파워로 시장점유율도 높고 현금흐름도 안정적인 기업들이 많다.

예를 들어 포드자동차(Ford Motors, BBB-), 웬디스(Wendy's, B), 토이저러스(Toys R Us, B-) 유나이티드항공(United Airlines, B+)같은 기업들을 보자. 이들은 세계인들에게 미국의 이미지와 같이 떠오르는 대기업들로서 미국의 베이비 부머들에게는 추억과도 같은 강한 브랜드 파워를 가지고 있다.(신용등급은 2015년 5월 기준)

여하튼 하이일드 회사채 투자에서는 해당 국가의 경기가 가장 중요하다고 할 수 있다. 경기가 활황일 때는 높은 금리와 더불어 채권가격 상승에 따른 시세차익을 덤으로 얻을 수도 있다. 경기가 좋을 때에는 꼭 1등 기업이 아니라도 사업이 잘 되고 부도율도 낮아져서 이들 기업의 신용도가 좋아지기 때문이다. 따라서 이런 경우에는 하이일드 회사채 투자수요가 늘어난다.

[그림 2-4-2]는 미국의 경제성장률(GDP 증가율)과 신용금리차(=미국 BB급 회사채 금리-국채 금리)의 흐름을 보여주고 있다. 여기서는 경제성장률이 높아질수록 신용금리차가 적어지고 성장률이 낮아지면 신용금리차가 거꾸로 커지는 것을 볼 수 있다.

참고로 신용금리차가 4%에서 2%로 줄었다는 것은 과거와 달리 국채보다 연 2% 금리만 더 준다면 투자자들이 기꺼이 하이일드 회사채에 투자한다는 의미이다. 따라서 이는 하이일드 회사채 수요가 상대적으로 늘어났다는 의미도 된다.

물론 경기가 좋아지면 통상 금리가 상승해서 채권가격에는 안 좋은 영향을 미치지만 하이일드 회사채는 우량채권과 달리 금리 인상에 따른 악영향이 상대적으로 적다. 하이일드 회사채의 높은 금리가 채권가격 하락을 일정부분 상쇄하는 데다가 앞서 본 것처럼 신용위험 완화로 채권가격이 오히려 상승하는 경우도 많았기 때문이다.

참고로 전세계적으로 거래되는 하이일드 회사채 중 3/4은 미국 기업들로 구성되어 있고 나머지 중 대부분은 유럽 기업들이 차지하고 있다. 다른 지역의 기업들이 최근 늘어나고 있지만 아직 그 비중은 절대적으로 낮은 편이다. 따라서 하이일드 회사채의 성과는 선진국 경기와 밀접한 관계가 있다고 볼 수 있다.

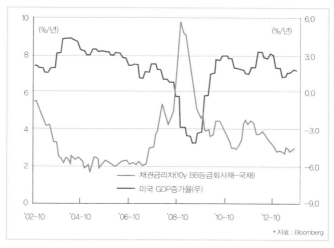

[그림 2- 4-2] 미국 경제와 신용 금리차

해외 고금리채권, 펀드를 통한 간접투자가 유리하다

해외 고금리채권에 투자하려면 우선 은행이나 증권사를 방문해서 직접 투자하는 방법이 있다. 2012년부터 증권사나 은행에서는 브라질이나 인도·터키 등 고금리 신흥국의 채권을 직접 판매하고 있는데 이 중 10년 만기 브라질 국채는 비과세 혜택과 더불어 엄청난 인기를 끌기도 했다.

그런데 일반 투자자가 해외 고금리 채권의 상황을 파악하기란 여간 힘든 것이 아니다. 만약 이머징 채권에 투자하려면 투자 대상국의 경제성장률, 외환보유고의 적정성, 물가 및 금리 같은 경제적 요인은 물론이고 정치 및 사회적 안정성도 같이 확인해 봐야 한다. 과연 지구 반대편에서 일어나는 정치 사회적 움직임을 일반 투자자들이 제대로 파악하기가 어디 쉬운 일인가?

공교롭게도 2014년 터키나 남아공 채권을 증권사에서 판매한지 얼마 되지 않아 두 나라 모두 정치불안을 겪으면서 환율도 떨어지고 채권가격도 하락한 것을 떠올려 보자. 게다가 이머징 채권은 접근성도 떨어지는 편이다. 대부분의 이머징 국가들이 해외 자본도입 규제, 자금 송환상 규제가 있기 때문이다.

해외 고금리채권에 투자하는 또 하나의 방법은 펀드를 통한 간접투자이다. 펀드를 통하면 직접투자할 때보다 분산투자의 범위도 넓어지고 정보수집의 수준도 다르다. 운용사가 투자자로부터 자금을 모아 이를 대신하기 때문이다.

다시 말해 펀드투자를 통해 정보를 수집하고 채권을 분석하는 수고를 덜어 주는 동시에 다수의 채권에 분산 투자할 수 있어 해외 고금리 채권의 이면에 있는 다양한 위험을 줄일 수 있다. 따라서 이런 장점을 감안할 때 해외 고금리 채권은 직접 투자보다 펀드를 통한 간접투자가 더욱 바람직하다고 할 수 있다.

해외 채권형 펀드는 운용방식에 따라 크게 특정 고수익 채권을 위주로 운용하는 '하이일드형' 펀드와 다양한 종류의 채권을 시장 상황에 따라 자유롭게 편입하는 속칭 '글로벌 자산배분형 펀드로 나눌 수 있다. 하이일드형 펀드는 다시 주된 투자대상이 이머징 채권인지 하이일드 회사채인지, 아니면 이 두 대상에 모두 투자하는지로 나누어 볼 수 있으며 이에 따라 수익성과 안전성이 조금씩 달라진다.

국내에 출시된 주요 해외 채권형 펀드 현황

해외 채권형 펀드는 금융위기 이후 고령화와 저금리가 부각되면서 일본과 홍콩에서 히트한 전례를 바탕으로 국내에서도 빠른 인기몰이에 성공하였다. 2009년 4월부터 2012년 말까지 주식형 펀드에서는 40조원 이상 자금이 유출된 반면 해외 채권형 펀드는 6조원 가까이 늘어났다.

하지만 2013년 6월 당시 벤 버냉키 미 연준 의장이 양적완화 축소를 시사하자 세계 금융시장이 가격 폭락 등 혼란에 빠지며 펀드 수익률이 다소 시들해져 들어오던 자금도 점차 빠져나가며 주춤해 졌다. 그런데 막상 양적완화 축소가 진행 중인 2014년 들어 되려 금융시장이 안정을 찾자

해외 채권형 펀드의 수익률도 다시 회복되며 이탈된 투자
자금도 다시 들어오는 모습을 보였다. [표 2-4-1]은 주요
해외채권형 펀드들을 나타내고 있다.

[표 2-4-1] 국내 주요 해외채권형 펀드 현황

유형	상품명	설정일	설정액 (억원)	수익률 (3M)	수익률 (6M)	수익률 (1Y)	수익률 (3Y)	표준 편차 (1Y)	샤프 지수 (1Y)
자산배분	미래에셋글로벌다이나믹 플러스증권자투자신탁1 (채권)	2012-04-09	4,656	1.25	1.69	4.68	20.52	1.47	1.60
자산배분	템플턴글로벌증권자 투자신탁(채권)	2006-10-20	445	1.97	-0.84	-0.70	11.55	4.34	-0.67
자산배분 (고금리)	AB글로벌고수익증권투자 신탁(채권-재간접형)	2009-06-30	4,411	1.17	1.44	1.38	27.15	3.37	-0.25
하이일드회사채	JP모간단기하이일드 증권자투자신탁(채권)	2012-03-12	2,138	1.38	1.66	1.97	16.66	2.38	-0.11
하이일드회사채	피델리티유럽하이일드 증권자투자신탁 (채권-재간접형)	2012-12-26	1,263	1.90	2.91	2.13	–	3.89	-0.03
이머징채권	피델리티이머징마켓증권자 투자신탁 (채권-재간접형)	2010-05-06	229	2.83	1.84	4.64	20.21	5.39	0.43
이머징채권	JP모간이머징국공채증권 투자신탁(채권-재간접형)	2010-09-06	152	1.38	0.28	2.38	15.90	4.55	0.03

* 자료 : 본드웹, 설정액의 경우 종류형 합산, 2015년 5월 26일 기준

5 공격과 수비의 조화, 자산배분형 펀드

우리가 투자를 하는 이
유는 무엇인가? 두 말할 필요 없이 예금 이자보다 더 많은
수익을 내기 위해서다. 그 대신 만약의 경우 예금 이자보다
적은 수익이 나거나 심한 경우 손실도 볼 수 있는 '불확실
성'이라는 위험을 감수해야 한다.

물론 우리 주변에서는 안전하면서 수익성 높은 투자를

홍보하는 이들을 종종 볼 수 있다. 하지만 내가 14년간 금융업에 종사하면서 확신하는 것 중 하나는 예금처럼 위험이 없으면서 그보다 높은 금리를 주는 투자상품이란 세상에 없다는 것이다. 만약 있다고 주장하는 사람이 있다면 그는 분명 투자를 잘 모르거나 사기꾼 둘 중 하나다.

다만 이런 위험을 없앨 순 없어도 어느 정도 줄일 순 있는데 우선 정보를 수집하고 분석해서 수익이 날 만한 투자대상만을 골라내는 방법이 있다. 그런데 이 방법은 정보의 양이 워낙 방대한 데다 서로 다른 투자방향을 제시할 때도 많고 가끔은 독이 되는 허위정보도 있어서 사용하기가 상당히 어렵다.

또 하나는 '계란을 한 바구니에 담지 말라'는 격언처럼 여러 가지 자산에 나누어 투자하는 방법이 있다. 즉 투자대상을 주식, 채권, 부동산 등에 다양하게 분산하면 위험이 크게 낮아진다. 섞으면 수익률은 평균화되지만 위험은 평균보다 더 낮아지는 '분산투자효과' 때문이다.

분산투자의 장점은 다소 번거롭고 귀찮지만 그 효과는 확실하다는 것이다. 여기서 많이 섞으면 섞을수록, 그리고 서로 움직임이 다른 투자상품들끼리 섞을수록 위험도 더 많이 줄어든다. 또한 누구나 쉽게 할 수 있다.

자산배분형 펀드는 이러한 '분산투자효과'를 주로 활용해 손실위험을 낮추고 안정적인 수익을 얻는 펀드라고 할 수 있다. 대표적으로는 주식-채권간 혼합형 펀드와 공모주 펀드, 그리고 멀티에셋 펀드가 있으며 이 외에도 다양한 자산배분펀드들이 있다.

자산배분형펀드(1) – 주식 – 채권간 혼합형 펀드

채권과 주식에 자금을 나누어 배분하는 혼합형 펀드는 가장 기본적인 자산배분형 펀드라고 할 수 있다. 사실 혼합형 펀드는 자본시장법상 주식에 투자하는 비중이 60%를 넘지 않고 나머지 자금은 채권에 투자하는 유형의 모든 펀드를 의미한다. 이때 채권 비중이 높으면 채권 혼합형, 주식 비중이 높으면 주식 혼합형 펀드라고 한다.

다만 지금 소개하는 혼합형 펀드는 주식-채권간 비중 조절을 주된 투자전략으로 하는 펀드만을 의미한다. 예를 들어 앞서 롱-숏 펀드는 법적으로 혼합형이지만 주된 투자전략이 롱-숏 전략인 만큼 여기에는 포함하지 않았다.

주식-채권간 혼합형 펀드의 가장 큰 장점은 앞서 살펴본 것과 같이 주식과 채권간의 자산배분을 통한 분산투자효과로 위험을 더 많이 낮출 수 있다는 데 있다. 이유는 단기적으로 주식시장이 좋지 않을 때 채권시장은 좋은 흐름을 보이고 반대로 채권시장이 안 좋을 경우 주식시장이 좋은 흐름을 보이는 경우가 많기 때문이다.

왜 그럴까? 가장 큰 이유는 경기에서 찾아볼 수 있다. 즉 경기가 좋아지면 금리가 올라가면서 채권가격은 떨어지지만 한편에서는 기업이익이 늘어나면서 주식가격이 올라가는 경향을 보인다. 반대로 경기가 나빠지면 기업이익이 줄어들면서 주식가격이 떨어지지만 정부가 시중에 돈을 풀고 기준금리를 내리면 채권가격이 올라가게 된다.

그런데 경제가 성장하고 가계나 기업의 수입이 늘어나는 한 주식가격과 채권가격 모두 장기적으로는 상승하게 된다. 따라서 이때 단기적으로는 거꾸로 움직이는 모습을 많이 보이는 주식과 채권 둘에 나누어 투자하면 하나에만 투자할 때보다 가격 변동을 크게 줄여 안정적 초과수익을 낼 수 있게 된다. 실제로 국내증시의 박스권 흐름이 지속된 2012년부터 최근까지 KOSPI는 소폭의 마이너스(-)수익률

을 기록하였다. 반면 [그림 2-5-1]과 같이 국내 대표 채권
혼합형 펀드들은 예금이자보다 높은 연평균 5~7%의 수익
률을 내고 있어 최근 주목을 받고 있다.

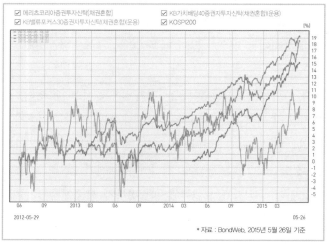

[그림 2-5-1] 주요 (채권)혼합형 펀드의 성과

혼합형 펀드의 핵심은 주식 운용

예로부터 이탈리아 축구는 수비가 견고한 소위 빗장수
비로 명성이 높다. 하지만 이탈리아 축구가 수비만 잘 하고
골을 못 넣었다면 결코 월드컵 통산우승 4회의 업적을 이
루지 못했을 것이다. 기다렸다가 기회가 생기면 기습공격으

로 골을 만들어 내는 집중력이 있었기에 이탈리아가 축구 명문의 반열에 올라간 것이다.

혼합형 펀드도 마찬가지다. 아무리 안전성이 중요하더라도 투자의 목적은 최소한 예금 금리보다 높은 초과수익을 내는 데 있다. 사실 채권 비중이 아무리 높아도 그 역할은 손실 위험을 줄이고 예금 금리 수준의 수익을 보전하는 데 있을 뿐, 초과수익을 내는 역할은 분명 주식을 어떻게 운용하느냐에 달렸다. 마치 축구처럼 공수 역할이 분명히 분담된 셈이다.

따라서 투자자들은 과연 주식운용에 대한 장단기 성과가 전반적으로 우수한지, 그리고 앞으로도 과연 좋은 성과를 낼 수 있을지를 신경 써서 살펴보아야 한다. 실제로 성과가 우수한 혼합형 펀드들을 살펴보면 우선 주식형 펀드중 히트 상품과 스타 매니저를 보유한 운용사들이 출시한 펀드의 성과가 좋게 나타났다.

또한 미리 짜 놓은 계획에 맞춰 기계적으로 주식을 싸지면 샀다가 비싸지면 파는 일종의 적극적 자산배분형 펀드도 최근 몇 년간 지속된 박스권 장세에서 주목을 받고 있다. 예를 들어 모 운용사에서는 주식비중을 최초에 20%로 두었다가 주가가 위아래로 1.5%씩 움직이면 투자자금의 2.5%씩 나누어 주식을 사고 투자수익률이 4%가 넘으면 주식을 팔아 비중을 다시 20%로 조정하는 구조의 펀드를 출시해 인기를 끌었다.

어떤 혼합형 펀드는 연금저축펀드를 중심으로 다양한 주식-채권 비중의 펀드 시리즈를 출시하여 투자자 취향에 맞게 펀드를 바꿀 수 있도록 하였는데 맞춤형 투자가 가능하다는 장점이 있다. [표 2-5-1]은 국내 출시된 주요 주식-채권 혼합형 펀드들을 나타내고 있다.

[표 2-5-1] **국내 주요 주식-채권간 혼합형 펀드 현황**

유형	상품명	설정일	설정액 (억원)	수익률 (3M)	수익률 (6M)	수익률 (1Y)	수익률 (3Y)	표준편차 (1Y)	샤프지수 (1Y)
채권혼합형	한국밸류10년투자증권자신탁 1 (채권혼합)(모)	2006-04-18	5,951	2.97	4.54	6.41	27.24	2.59	1.54
채권혼합형	트러스톤칭기스칸플러스알파 증권자투자신탁[채권혼합](운용)	2011-04-19	32	2.79	3.83	5.97	22.41	2.85	1.26
채권혼합형	KB밸류포커스30증권자투자신탁 (채권혼합)(운용)	2012-12-18	1,462	3.06	5.88	9.78	–	2.40	2.97
채권혼합형	메리츠코리아증권투자신탁 [채권혼합]	2002-09-16	604	4.77	7.51	13.00	18.52	4.72	2.12
채권혼합형	KB가치배당40증권자투자신탁 (채권혼합)(운용)	2014-03-31	5,724	3.25	7.62	13.76	–	3.19	3.35
주식혼합형	NH-CA Allset스마트인베스터5.0분 할수증권투자신탁 [주혼-재간접]	2014-09-22	566	3.21	4.89	–	–	–	–

* 자료 : BondWeb, 2015년 5월 26일 기준

자산배분형펀드(2) – 안전하고 수익도 짭짤한 공모주 펀드

모 증권업체에서 재미있는 연구결과를 발표한 적이 있다. 만약 2002년부터 2013년까지 12년간 모든 공모주에 청약

해서 물량을 받고 투자해서 상장되는 날 종가로 팔아버렸다고 가정하자. 이때 투자성과를 연단위로 끊어 보면 과연 연 평균 수익률은 몇 % 정도이고 12년 중 손실이 난 해는 몇 년 정도 될까?

정답은 연평균 수익률은 36.6%이고 손실을 본 해는 한 번도 없었다고 한다. 더 놀라운 것은 글로벌 금융위기가 한창이던 2008년도에도 공모주 투자는 12.7% 수익을 냈다고 한다. KOSPI의 경우 반면 수익률이 연 12.5%이고 손실을 본 햇수는 3년인 점을 감안하면 이보다 더 좋은 투자방법이 있을까.

하지만 앞서 말한 것처럼 세상에 공짜 점심은 없는 법, 이렇게 짭짤한 공모주지만 우량주의 경우 대부분 청약 경쟁률이 높아 충분한 물량을 받기가 어렵다. 예를 들어 2014년 2월 오이솔루션 1,253 : 1, 11월 삼성 SDS 134 : 1, 12월 제일모직 195 : 1의 청약 경쟁률을 보이는 등 대박이 예상되는 공모주 청약 경쟁률은 통상 수백 : 1에 달한다.

따라서 이런 공모주는 개인보다는 기관이 유리하고 투자금액이 클수록 유리한 만큼 소액을 가지고 개별적으로 투자하는 것보다는 펀드를 통해 간접투자하는 것이 더욱 효과적이다.

공모주 펀드는 자산의 일부를 신규 상장하는 공모주에 투자한 뒤 주가가 공모가보다 상승하면 매도해 '예금금리 +알파'의 초과수익을 추구하는 상품이다. 이는 다시 가입에 제한이 없는 공모형과 49인까지 가입 가능한 사모형으로 나눌 수 있다.

이 중 공모형 공모주 펀드는 높은 안정성이 가장 큰 특징이다. 펀드 내 채권 편입비중이 통상 70% 이상으로 높고 대부분 국공채 등 우량 채권들로 구성되어 있기 때문이다. 게다가 주식 투자비중도 상당히 낮은데 이유는 공모주 청약을 통해 잠깐 가지고 있다가 증시에 상장되면 곧 팔아버리는 식으로 짧게 운용되기 때문이다.

이런 이유로 공모형 공모주 펀드는 자산배분형 펀드 중 주식투자비중이 가장 낮아 정기예금 금리＋0.5~1% 내외의 초과수익을 누리는 투자자에게 적합하다고 할 수 있다. 모 펀드평가기관에 따르면 2014년 12월 18일 기준 공모주 펀드의 성과는 연초 이후 3.39%로 정기예금보다 약간 높다. 펀드평가사들은 약관상 주식편입비중 10% 미만의 공모주 펀드를 절대수익 추구형으로 분류하기도 한다. 그만큼 안전하다는 말이다.

최근에는 중국 증시가 뜨거워지면서 중국의 공모주에 청약하는 공모주펀드도 많은 인기를 끌고 있다. 모 운용사에서는 올해 4월 중국 공모주펀드를 출시해서 2개월만에 투자한도인 3,000억원을 넘겨 판매가 중단되었으며 이후 다른 운용사들도 유사한 구조의 펀드를 출시하였거나 현재 준비 중에 있다.

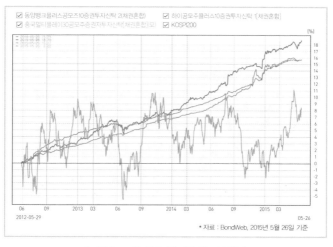

[그림 2-5-2] **주요 공모주 펀드의 성과**

만약 공모주 투자로 조금 더 많은 수익을 내고 싶은 투자자라면 2014년부터 사모형으로 주로 출시되는 하이일드 분리과세 공모주 펀드에 관심을 가질 필요가 있다. 국내 채권에 60% 이상 투자를 해야 하며 이 중 BBB+이하의 신용등급을 받은 채권에 30% 이상을 투자하면 공모주 물량의

10%를 우선 배정받을 수 있는 장점이 있다.

　여기에 1년 이상 보유시 1인당 최대 5,000만원까지 투자소득의 15.4%만 세금으로 내면 되는 '분리과세' 혜택도 누릴 수 있어 금융소득이 많은 고액 자산가들의 절세용 상품으로도 관심을 받고 있다. 다만 다소 신용등급이 낮은 채권에 의무적으로 투자해야 하는 부담이 있으니 가입시 편입채권의 발행처에 대해 보다 많은 검토가 필요하다.

　[표 2-5-2]는 국내에 출시된 주요 공모형 공모주 펀드들을 보여주고 있다. 반면 사모형의 경우 펀드마다 공모주 편입비중이 천차만별이라 상대적으로 비교분석하기에는 어려움이 있다. 최근 금융기관들마다 사모형 공모주 펀드를 많이 출시하는 만큼 관심이 있는 투자자라면 가까운 지점에서 상품안내를 요청해 보자.

[표 2-5-2] **국내 출시된 주요 공모주 펀드 현황**

유형	상품명	설정일	설정액 (억원)	수익률 (3M)	수익률 (6M)	수익률 (1Y)	수익률 (3Y)	표준편차 (1Y)	샤프지수 (1Y)
공모주	하이공모주플러스10증권투자신탁 1[채권혼합]	2007-07-04	1,397	1.11	3.06	7.30	18.70	2.07	2.34
공모주	유진챔피언공모주증권투자신탁 1(주식혼합)	2011-01-25	1,554	1.80	2.62	6.60	16.09	1.93	2.17
공모주	동양뱅크플러스공모주10증권투자신탁 2[채권혼합]	2005-01-21	2,667	0.75	2.53	6.89	15.75	1.18	3.78
공모주	흥국멀티플레이30공모주증권자투자신탁[채권혼합](모)	2009-06-29	1,089	0.58	1.33	5.90	15.77	1.77	1.98
공모주	IBK공모주채움증권투자신탁 1[채권혼합]	2012-10-29	1,018	0.73	3.33	5.88	—	1.97	1.77
공모주	트러스톤공모주알파증권투자신탁[채권혼합]	2012-06-11	1,590	0.69	1.80	4.65	—	0.90	2.57

* 자료 : 본드웹, 설정액의 경우 종류형 합산, 2015년 5월 26일 기준

자산배분형펀드(3) – 글로벌 멀티에셋펀드

1998년 아시아 금융위기, 2000년 IT버블 붕괴, 2008년 글로벌 금융위기, 2011년 유럽 재정위기…. 이런 대형위기가 발생하면 금융위기의 공포와 더불어 주식은 물론이고 정부가 발행한 국채 가격도 떨어지는 대한민국 금융시장에서 투자자들은 손실을 피하기가 어렵다.

하지만 대한민국 주식시장에서 벗어나 다양한 세계를 보면 이야기가 달라진다. 분명 한국 주식시장에서 빠진 돈은 어디론가 흘러가게 마련인데 세계적인 금융위기와 대폭락 장세에도 나름대로 괜찮았던 투자의 기회를 제공해준 곳들은 분명 있다. 예를 들어 이들 금융위기마다 미국 국채와 금 시장에서는 오히려 수익의 기회가 생긴다.

위에서처럼 전세계적인 자산배분이 왜 필요한지 이유는 명확하다. 글로벌 멀티에셋펀드란 이처럼 국내뿐만 아니라 해외 주식, 통화, 원자재, 부동산 등 다양한 자산을 편입하고 투자 가능한, 따라서 글로벌 자산배분의 원칙에 가장 충실한 펀드이다.

글로벌 멀티에셋펀드의 경쟁력은 투자전략과 시스템

과거만 해도 전세계 곳곳에 지점과 본부를 둔 CITI나 HSBC 등 초대형 금융기관이 아니면 꿈도 못 꿀 글로벌 멀티에셋 투자를 이젠 미국이나 유럽의 주식시장에서 계좌개설만 하면 누구나 쉽게 할 수 있다. 따라서 진입장벽이 낮아진 글로벌 멀티에셋펀드의 경쟁력은 이제 전략의 우수성에 전적으로 달려있다고 볼 수 있다.

과거에도 멀티에셋 운용전략은 헤지펀드들 위주로 종종 사용되었다. 하지만 이들은 대부분 소수의 거액 자산가나 연기금 같은 기관투자자들만을 대상으로 거래되어 일반 투자자들이 접근하기 어려웠다. 소수의 투자자만 모집하는데다 투자금액도 최저 100만~1,000만불 이상으로 제한하고 있기 때문이다.

하지만 최근에는 컴퓨터의 발달로 정보 수집과 발굴, 그리고 해석 등의 데이터 활용이 쉬워지면서 저변이 확대되어 기존의 스타 외에도 역량 있는 신인 매니저들이 속속 나오고 있다. 그리고 이를 바탕으로 안정적이고 높은 수익을 내는 좋은 펀드들이 일반 투자자들을 대상으로도 출시되고 있다.

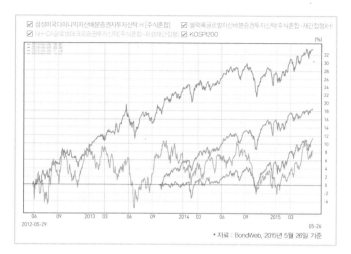

[그림 2-5-3] 주요 글로벌 멀티에셋펀드의 성과

　게다가 ETF(상장지수펀드)가 활성화된 것도 글로벌 멀티에셋전략을 쉽고 간편하게 해 주고 있다. ETF란 한국 주식, 일본 국채, 원자재, 유럽 리츠 등 특정 금융시장 전체에 분산 투자하는 인덱스 펀드로서 증권시장에서 실시간으로 거래할 수 있는 장점이 있다. 게다가 일반 주식매매보다 수수료가 싸서 주식에 직접 투자하는 것보다 매매에 따른 비용도 줄일 수 있다.

　이런 이유로 글로벌 유수 자산운용사와 증권사들은 자산배분 전략 고도화에 상당한 공을 들이고 있다. 모건스탠리, 골드만삭스, 메릴린치 등은 기존의 리서치조직과 별개로 자산관리(WM) 조직에 별도의 자산배분전담 조직을 설치, 운영하고 있다. 세계 최대 자산운용사인 블랙록에는 자산배분형 펀드를 주로 운용하는 '멀티에셋전략그룹'이 별도로 포진해 있다.

아직은 리서치 및 분석 역량이 글로벌 금융기관에 비해 다소 미흡하지만 국내 증권사들도 이런 추세에 뒤처지지 않기 위해 많은 노력을 기울이고 있다.

단, 아직은 전세계에 지점을 둔 글로벌 금융기관에 비해서는 리서치 및 정보 수집역량이 부족하다 보니 계량분석(퀀트)을 통한 자산배분 모델 개발로 차별화를 시도하는 경우도 있다. [표 2-5-3]은 국내 출시된 주요 글로벌 멀티에셋펀드들을 나타내고 있다.

[표 2-5-3] **국내 주요 멀티에셋펀드 현황**

유형	상품명	설정일	설정액 (억원)	수익률 (3M)	수익률 (6M)	수익률 (1Y)	수익률 (3Y)	표준편차 (1Y)	샤프지수 (1Y)
멀티에셋	블랙록글로벌자산배분증권투자신탁(주식혼합-재간접형)(H)	2009-08-25	1,499	2.27	3.81	6.35	33.32	6.71	0.59
멀티에셋	삼성미국다이나믹자산배분증권자투자신탁H[주식혼합]	2013-10-02	6,555	0.91	2.54	8.79	–	6.31	0.99
멀티에셋	NH-CA글로벌매크로증권투자신탁[주식혼합-파생재간접형]	2013-10-10	384	3.06	6.66	10.45	–	7.46	1.04

* 자료 : 본드웹, 설정액의 경우 종류형 합산, 2015년 5월 26일 기준

6 높은 현금수입과 분산 투자의 미학, 인컴펀드

"요즘 인기 있는 물건이요? 최근 고객들이 제일 많이 물어보고 투자하시는 건 월세가 잘 나오는 오피스텔이구요. 돈 좀 있는 분들은 상가나 고시원을 찾으세요. 반면 땅이나 아파트에 대한 문의는 많이 줄었고 그나마 팔겠다는 게 대부분이죠." (서초동 P공인중개사·49)

저성장 저금리 시대에서는 현금을 잘 창출해 내는 투자가 알짜배기로 대접받는다. 불황에 성장률이 떨어지는 와중에는 사업이든 투자든 수익성이 신통치 않을 수밖에 없다. 이럴 때는 괜히 엄한 곳에 투자해서 돈을 못 벌거나 날리는 위험을 뒤집어 쓰는 것보다는 그저 정해진 돈 따박따박 잘 벌어주는 현금 투자가 더 안심이 될 수밖에 없다.

이런 투자자들의 욕구를 반영하여 현금수입을 위주로 하는 다양한 자산에 투자하는 펀드가 바로 '인컴펀드(Income Fund)'이다. 인컴펀드란 고금리 채권과 임대료 수입이 나오는 오피스나 상가 등 임대형 부동산, 그리고 높은 배당금을 주는 고배당 주식 등 정기적인 수입이 발생하는 다양한 자산에 자금을 나누어 투자하는 금융상품이다.

　인컴펀드는 이미 싱가포르와 홍콩에서 2010년과 2011년의 두 해 동안 10조원 가까운 투자자금이 유입되는 등 선풍적인 인기를 끈 상품이다. 우리나라에는 2012년 하반기부터 본격적으로 판매되었는데 그 해 연말에 2천억원이 채안되던 국내 인컴펀드 규모는 이듬해 8월, 8천억원 가까이 증가했다.

　비록 2013년 중반 미국의 양적완화 축소 우려로 시중 금리가 상승하자 국내 인컴펀드들도 한때 저조한 수익률을 보였지만 2014년 들어 미국의 경기회복과 더불어 글로벌 채권금리도 안정을 찾으면서 성과가 회복되고 있다.

　에프앤가이드에 따르면 2014년 한해 동안(12월 26일 기준) 인컴펀드의 최근 1년간 수익률은 평균 6.56%로 양호하게 나타났다. [그림 2-6-1]은 주요 인컴펀드들의 성과를 보여주고 있다.

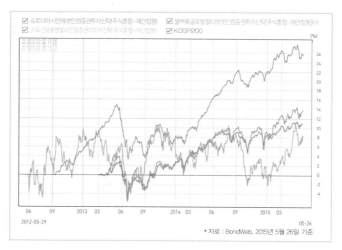

[그림 2-6-1] 주요 인컴펀드들의 성과

인컴펀드의 투자 특성과 장점

그림에서처럼 인컴펀드가 상대적으로 낮은 위험과 안정적인 수익성을 보이는 이유는 불확실한 시세차익보다는 보다 확실한 현금수입을 높이는 데 치중하기 때문이다. 시세차익을 내려면 향후 가격이 오를 만한 자산이 무언지를 정확히 예측해야 하는데 그것이 어디 쉬운가? 자칫 반대로 떨어져 손해만 보는 경우도 비일비재하다.

하지만 투자한 자산에서 발생하는 현금 수입은 이보다

안정적이다. 예를 들어 채권의 이자와 부동산 임대료는 사전에 정해져 있다. 중도에 채무자나 임차인이 부도 날 가능성만 감안하면 된다. 물론 주식 배당의 경우 사전에 정해지지는 않았지만 기업 규모가 크고 이익률이 안정적이면서 기관투자자 비중이 높은 고배당주들은 주주들의 눈높이 때문에 배당성향이 높고 안정적이다.

모 펀드매니저에 따르면 인컴펀드는 통상 펀드 내에서 투자중인 배당주와 고금리채권, 그리고 리츠(REITs)의 배당률을 대략 연 5~6% 수준(2013, 2014년 기준)으로 높게 가지고 가는데 이로 인해 실제 펀드 수익에서 배당이나 이자, 임대료 같은 인컴수입이 차지하는 비중이 50%가 넘는다고 한다.

인컴펀드의 위험관리

"물론 컨셉은 좋은데 지금 말씀하신 투자대상들은 다 잘못될 수 있는 것들이잖아요. 수익 몇% 더 내려고 했다가 자칫 부도 맞고 공실 나버리면 훨씬 더 큰 문제 아닌가요?"

당연한 고민이다. 인컴펀드 역시 만약의 경우 금융환경이 불안해 진다든지 하면 예금 이자보다 적은 수익을 내거나 심한 경우 손실을 볼 수 있다. 특히 인컴수입을 높이기 위해 우량채권보다는 상대적으로 자산가격 변동위험이 높은 하이일드 회사채나 이머징 채권, 고배당주, 그리고 리츠 등에 투자를 많이 하기 때문이다.

예를 들어 투기등급 회사채 금리가 높은 이유는 국채나 은행 예금과 달리 회사가 부도나서 원금도 못 받을 위험 때문이다. 상가나 오피스 같은 임대형 부동산의 임대 수익률이 높은 이유도 만약 세입자가 나가서 공실이 되면 받기로 한 임대료를 못 받는 위험 때문이다. 이 경우 빌딩 가격도 떨어질 수밖에 없다.

주식은 불확실성이 더욱 크다. 아무리 배당률과 배당성향이 안정적이라고 하더라도 어떤 사정에 의해 기업이 이익을 내지 못하거나 오히려 손해를 볼 수도 있는 위험이 없다고 누가 100% 장담할 수 있는가.

하지만 이들 자산에 오래 투자하면 높은 수준의 인컴수익이 차곡차곡 쌓이면서 투자한 돈에 대한 회수율도 점차 높아지게 된다. 예를 들어 어떤 자산에 투자한 다음 20%

정도의 손실이 났다고 하더라도 연 7%의 현금수입이 보장된 자산이라면 3년만 지나면 손실을 메울 수 있는 힘, 이것이 인컴펀드의 첫번째 위험관리 비결이다.

또한 자산배분을 통해 위험을 관리하는 것도 인컴펀드가 안정적인 수익을 창출하는 비결이 된다. 물론 높은 현금 수입을 창출하는 상품들은 앞서 본 커버드콜 펀드나 해외채권형 펀드도 있다. 하지만 인컴펀드는 이들처럼 특정 유형의 상품에 치중하지 않고 주식과 채권, 부동산 등 투자대상이 가장 광범위하다. 이로 인한 자산배분효과로 변동성 위험은 줄어들고 안정적인 수익을 창출하게 되는 것이다.

덧붙여 인컴펀드의 특성상 거래수수료가 다른 유형의 펀드보다 적게 나가는 것도 상대적으로 장기 수익성을 높이는 데 기여한다. 아무래도 투자의 기준이 현금수입에 있다 보니 시세차익을 기준으로 하는 다른 펀드에 비해 매매하는 횟수가 적게 마련이다.

매매가 적을수록 장기적으로는 수수료 절감효과가 커서 투자성과가 좋아진다는 것은 이미 수많은 연구를 통해 입증된 사실이다. 2014년 금융투자협회에서는 당해 2분기 국내(공모)펀드 운용사들의 수익성을 조사한 결과 매매빈도가 적었던 운용사의 성과가 잦은 매매를 한 운용사보다 월등했다는 연구결과를 발표하기도 했다.

배당수익률 높은 투자자산들의 인기는 계속된다

인컴펀드의 주된 투자대상으로는 뭐니뭐니해도 '배당금을 주가로 나눈 값'인 배당수익률이 상대적으로 높은 기업들의 주식인 배당주를 들 수 있다. 이때 상대적이라는 의미는 다른 주식들의 배당수익률은 물론이고 은행 금리와 비교할 때도 높아야 한다.

실제로 미국에서 '배당귀족'으로 불리는 고배당 기업[9]들은 2002~2012년까지 평균 4.3%의 배당수익률을 보였다고 한다.

S&P500 기업들의 배당수익률이 평균인 1.96%에 비하면 2배가 넘고 미국의 10년 만기 국채금리가 연 2.25%인 것을 감안하면 채권 이자보다 높은 배당을 주는 셈이다. 이처럼 국내와 달리 선진국에서는 배당수익률이 은행 금리보다도 높은 배당주들을 찾기가 그리 어렵지 않다.

---

9) MSCI World High Dividend Yield Index, 2012년 12월 말 기준

여하튼 이런 고배당주들은 역사적으로 시장 평균보다 높은 수익을 냈다. 예를 들어 JP모건 자산운용에 따르면 2000년 초부터 2012년 말까지 13년간 MSCI 아시아(일본 제외)지수를 조사해 본 결과 159%가 올랐다. 하지만 이 중 배당수익률이 평균보다 높은 주식을 추려 따로 비교해 본 결과 무려 465%의 수익을 냈다고 한다. 평균 대비 약 3배 가량 높은 수익을 낸 것이다.

또한 유명 투자연구기관인 네드데이비스리서치(Ned Davis Research)는 지난 36년간 미국의 우량 배당주 수익률은 S&P500 기업들에 비해 연평균 2.5%p 가량 초과 수익률을 냈다고 발표했다. 게다가 배당을 전혀 주지 않았던 주식과 비교하면 무려 연평균 약 8%p가량 높은 수익률을 보였다고 한다.

이처럼 통상 안정적이고 높은 배당수익을 꾸준히 안겨주는 배당주들은 기관투자자 등 큰손들이 선호하는 주식이다. 높은 수준으로 배당을 꾸준히 한다는 것 자체가 기업의 실적 창출 능력이 꾸준하다는 것을 입증하기 때문이다.

향후 선진국들의 경제 사회구조도 고배당주에 유리한 방

향으로 변해가고 있다. 예를 들어 배당주는 경기가 그다지 좋지 않으면서 금리는 하락하거나 바닥에 있을 때 투자하기 유리하다. 주가 상승률이 별로 높지 않을 것으로 보이다 보니 투자자들도 시세차익보다는 배당수익에 더 관심을 가지게 마련이기 때문이다.

그런데 알다시피 우리나라 뿐만 아니라 미국·유럽·일본 등 대부분의 선진국들이 고령화로 인해 저성장·저금리가 점차 고착화되어 가고 있다. 물론 향후 미국의 기준금리 인상으로 글로벌 금리가 상승하면 배당주 투자에는 불리할 수 있지만 그 부작용은 미미할 것으로 보인다. 기준금리 인상도 신중하게 추진될 것으로 보이고 이로 인해 금융시장이 불안해지면 오히려 미국의 장기금리가 떨어질 수 있기 때문이다.

배당주와 더불어 인컴펀드가 주로 투자하는 해외 고금리 채권 또한 앞서 본 것처럼 전망은 밝다. 해외 고금리 채권 시장에 대해서는 앞서 해외채권형 펀드를 이야기할 때 살펴보았으므로 넘어가기로 하자.

임대형 부동산은 어떨까? 상가·오피스빌딩 등 임대형

부동산 역시 인컴펀드가 투자하는 대상 중 하나이다. 다만 실물 부동산을 투자해서 직접 관리한다기 보다는 그 지분을 가지고 있는 리츠(Real Estate Investment Trusts, 부동산투자신탁)에 간접 투자하게 된다.

리츠는 투자자들로부터 자금을 모아 부동산이나 부동산 관련대출에 투자하여 발생한 수익을 투자자에게 배당하는 부동산 뮤추얼펀드이다. 나라마다 약간의 차이는 있으나 대개 주식처럼 증시에서 자유롭게 거래를 할 수 있다. 단 거래 규모나 유동성 때문에 실제 인컴펀드에서 차지하는 비중은 배당주나 고금리 채권에 비해 낮은 편이다.

여하튼 최근 금융위기 이후 미국 경기 회복으로 부동산 시장도 살아나면서 성과도 양호하게 나타나고 있다. 1997년 초부터 2013년 말까지 전세계의 주요 고배당주들을 모아 둔 MSCI 세계고배당지수는 280%의 상승률을 보인 반면 대표 REITs지수인 FTSE NAREIT ALL Equity 리츠지수는 350%가량 상승하며 70%의 초과수익을 냈다.

국내 출시된 주요 인컴펀드 현황

[표 2-6-1]은 국내 출시된 주요 인컴펀드들을 나타내고 있다. 대부분의 인컴펀드들이 아무래도 해외지역을 주된 투자대상으로 하다보니 외국계 운용사들이 강한 면모를 보이는 것을 알 수 있다.

비록 미국의 기준금리 인상이라는 악재는 있지만 유럽과 일본의 유동성 공급 등으로 장기 시중금리는 안정적일 것으로 예상되는 만큼 앞으로 인컴펀드의 향후 전망도 나쁘지 않다. 장기적으로도 전세계가 고령화로 몸살을 앓게 될 것인 만큼 점차적으로는 안정적 현금수입을 보이는 인컴형 자산에 대한 수요가 높고 그로 인해 인컴펀드의 수익성도 꾸준히 양호할 것으로 기대된다.

[표 2-6-1] 국내 주요 인컴펀드 현황

유형	상품명	설정일	설정액 (억원)	수익률 (3M)	수익률 (6M)	수익률 (1Y)	수익률 (3Y)	표준 편차 (1Y)	샤프 지수 (1Y)
글로벌	블랙록글로벌멀티에셋인컴증권투자신탁(주식혼합-재간접형)(H)	2013-03-04	660	0.78	1.95	3.25	-	4.41	0.22
글로벌	피델리티글로벌배당인컴증권자투자신탁(주식신탁)	2013-02-20	3,520	2.53	6.51	14.66	-	9.60	1.20
글로벌	JP모간글로벌멀티인컴증권자투자신탁(주식혼합-재간접형)	2013-03-28	317	1.10	3.20	5.97	-	6.11	0.59
미국	알리안츠인컴앤그로스증권자투자신탁[주식혼합-재간접형](H)_운용	2013-09-24	235	1.46	3.95	7.88	-	7.56	0.71
미국	프랭클린미국인컴증권자투자신탁(주식혼합-재간접형)	2012-12-18	336	0.34	0.75	1.72	-	7.09	-0.07
아시아	슈로더아시안에셋인컴증권자투자신탁(주식혼합-재간접형)	2012-09-07	358	-0.32	3.29	8.31	-	4.63	1.25

◀ 자료: 본드웹, 설정액의 경우 종류형 합산, 2015년 5월 26일 기준

7 다양한 수익구조의 ELF(주가연계펀드)

이번에 소개할 중위험 중수익 펀드는 다양한 수익구조를 가지는 장점으로 2000년대 초 시장에 첫선을 보인 이후 투자자들에게 가장 많은 사랑을 받아 온 ELF(Equity Linked Fund, 주가연계펀드)이다.

시간이 지나면서 다양한 중위험 중수익 펀드들이 나오고 있지만 ELF의 인기는 사그러들지 않고 꾸준히 높아지고 있다. ELF의 주된 투자대상이자 원재료라 할 수 있는 ELS(Equity Linked Securities, 주가연계증권)는 2009년 발행액이 11.9조원에 불과했지만 매년 꾸준히 늘어나면서 2014년에는 71.6조원까지 성장했다. ([그림 2-7-1] 참조)

2014년 증권사 PB 196명에게 횡보장이 장기 지속중인 현 상황에서 가장 유망한 펀드상품을 묻는 모 경제일간지의 설문조사에서 절반 가량이 'ELF(ELS 포함)'를 선택했다고도 했다.

여기서 ELF 대신 ELS 규모를 언급한 이유에 대해 의아해 하는 독자들이 있을 수 있다. 그런데 ELF는 대부분 증권사에서 발행한 ELS에 자금의 일부 또는 대부분을 투자

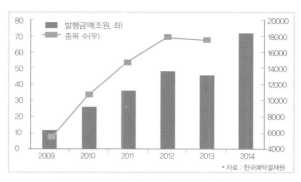

[그림 2-7-1] **연도별 ELS 발행액 및 종목수**

하는 펀드로서 ELS는 ELF의 원재료이자 동일한 구조를
가진다. 다만 투자자는 증권사에서 ELS에 직접 투자할 수
도 있고 펀드를 통해 간접 투자할 수도 있는 만큼 ELS 규
모 증가는 ELF에 대한 투자자들의 인기를 반영한다고 볼
수 있는 것이다.

ELF의 수익구조와 장점

4050세대라면 대부분 옛날 추억의 사탕뽑기를 기억할
것이다. 1~100번이 쓰여진 판에 20~30개의 숫자를 골라
놓고 제비를 뽑는데 만약 당첨이 되면 숫자 뒷면에 적혀 있

는 사탕을 받게 되는 게임이다. 개중에는 운이 좋으면 거북선이나 칼 모양의 큰 사탕이 당첨되어 여러 친구들이 같이 나눠먹는 일도 생기곤 했다.

ELF도 이와 비슷한 원리를 가진 상품으로서 사탕뽑기의 숫자처럼 주식의 가격으로, 수익이 발생하는 구간 또는 손실이 발생하는 구간을 사전에 정해 놓는다. 바로 이로 인해 일반적인 투자상품과 다른 ELF의 매력이 생긴다.

ELF의 가장 큰 장점은 수익/손실 발생구조가 명확해서 이해하기가 정말 쉽다는 점이다. 예를 들어 일반 주식형 펀드의 경우 주가지수가 올라가도 펀드에서는 손실을 볼 수 있다. 하지만 ELF는 만약 투자대상인 ELS를 발행한 증권사가 망하지만 않으면 사전에 정해 놓은 구간에 주가지수 등 기초자산 가격이 들어갈 경우 무조건 수익이 나게 되어 있다.

또한 ELF는 구조에 따라서 자산가격이 상승하거나 횡보할 때는 물론 완만한 하락세를 보이더라도 수익을 낼 수 있다는 장점도 있다. 다시 말해 삼성전자라는 주식에 투자해서 수익을 내려면 쌀 때 사서 비쌀 때 팔아야 한다. 하지만

ELS에 투자하면 KOSPI가 −10%로 하락하더라도 오히려 10% 수익을 낼 수 있고 극단적으로 삼성전자가 −50% 아래로 떨어지지만 않아도 연 5%의 수익을 낼 수 있다.

금융기관에서는 상당히 다양한 구조를 가진 ELF들이 많이 출시되고 있어 조금만 발품을 팔면 얼마든지 선택의 기회를 넓힐 수 있다. 만약 투자금액이 많다면 아예 내가 원하는 대로 수익구조를 짜 달라고 주문할 수도 있다. 사탕 뽑기에서 1~100사이의 숫자 중 내가 당첨될 숫자를 직접 고르듯이 말이다.

ELF는 일반적으로 예금 금리보다 높은 수익을 기대할 수 있고, 안정성을 중요시하는 투자자는 원금보존추구형에 가입하거나 아니면 원금 비보존형에 가입하면서 더 높은 수익률을 추구할 수도 있다.

도전! 전문가 이름이 비슷한 DLF, ELB, ELD는 무엇인가요?

Q1 얼마전 은행 직원에게 금에 투자하는 DLF(Derivatives Linked Fund, 파생연계펀드)라는 걸 추천 받았습니다. 제가 이전에 가입했던 ELF와 비슷한 구조라고 하는데 그 말이 맞나요? 그러면 실제로 수익-위험구조도 비슷하다고 볼 수 있나요?

A 직원이 그렇게 말한 이유는 아마 ELF와 DLF 모두 기초자산 가격의 흐름에 따라 일정기간이 지난 후 투자자에게 수익금을 주기로 사전에 약속한 펀드로서 다양한 수익구조를 만들 수 있다는 공통점 때문일 겁니다.

하지만 ELF의 기초자산은 앞서 보신 것처럼 주가지수 또는 개별 주식인 반면 DLF의 기초자산은 주가가 아닌 유가, 환율, 금리 등을 사용합니다(가끔 전세계 해운 운임가격지수 같은 것도 사용한답니다). 따라서 구조는 비슷할 수 있지만 기초자산인 주식과 이들의 가격 움직임이 다르기 때문에 기대수익과 위험은 완전히 다른 상품이라고 봐야죠.

많은 분들이 이를 간과하고 DLF에 가입했다가 손해를 보는 경우가 있었습니다. 예를 들어 선진국 또는 TOP 신흥국들의 주가지수는 상당히 안정적이어서 이들을 기초자산으로 해서 40~50% 이상 하락하지 않으면 약속한 수익을 주는 ELF들의 성과가 좋았습니다. 그런데 저금리로 이들의 제시 수익률도 조금씩 같이 낮아지게 되었습니다.

이때 몇몇 금융기관들이 원자재나 운임지수 같은 것들을

기초자산으로 위와 동일한 구조의 DLF를 만들어서 팔기 시작했습니다. '반토막만 나지 않으면' 이라는 말에 ELF로 재미를 본 투자자들이 많이 가입했는데 문제는 이런 기초자산들은 주가보다 훨씬 높은 가격 등락(변동성)을 보인다는 겁니다. 그 말은 손실 발생 가능성도 더욱 높다는 것이죠.

실제로 2010년 이후 해운 운임지수가 고점 대비 1/3 수준으로 줄어들고 2015년에는 유가가 반토막 나는 등 높은 변동성을 보였습니다. 이때마다 이들을 기초자산으로 해서 출시된 DLF에 가입한 투자자들은 손해를 보아야 했죠.

Q2 ELF를 공부하다 보면 ELB와 ELD라는 용어도 자주 나옵니다. 무엇인가요?

A 앞서 본 것처럼 ELF의 주된 투자대상인 ELS는 증권사가 자기 신용으로 발행하는 일종의 조건부 증서입니다. 말 그대로 주가가 증서에서 말한 조건을 충족하면 이를 발행한 증권사는 돈을 줘야 하죠. 그런데 이런 ELS 중 원금 손실이 나지 않는 구조의 것들을 과거에는 원금보장형 ELS라고도 했지만 최근에는 이걸 ELB(Equity Linked Bond, 주가연계사채)로 부르고 있습니다.

은행의 ELD(Equity Linked Deposite, 주가연계예금)은 예금에 이런 ELB를 씌우는 등의 방법으로 동일한 수익구조를 만든 예금입니다. 다만 이번에는 지급을 책임지는 주체가 은행이라는 점과 법적으로 예금이라는 점이 다릅니다. 따라서 5,000만원까지 예금자 보호를 받을 수 있습니다.

여기까지만 듣고 나면 ELB나 ELD가 정말 좋아보이시죠?
하지만 세상에 공짜는 없습니다. 이런 상품들은 안전성이
높은 대신 수익성이 낮습니다. 즉 예금 금리에 비해 높은
초과 수익을 내기가 어려운 구조로 설계가 된다는 말이죠.

ELF의 유형과 구조

앞서 본 것처럼 ELF는 일반 주식형 펀드와 달리 다양한
수익구조를 가질 수 있다는 것이 가장 큰 장점이다. 하지만
손실 가능성 또한 다양해지기 때문에 ELF 투자에서는 먼
저 수익위험 구조를 정확히 파악하고, 그 구조가 현재 시
장 분위기와 적합한지를 생각해 보아야 한다.

좋은 ELF를 선별하려면 먼저 ELF의 유형과 구조를 이
해해야 한다. 하지만 상품별로 수익구조가 너무나도 다양
하기 때문에 이 책에서 이들을 모두 언급하기에는 한계가
있다. 따라서 이 중 가장 일반적인 상승-Knock out구조
(원금보존추구)와 Step-down형 2-Star구조(원금비보존)
를 중심으로 ELF의 구조별 특징과 장단점, 그리고 투자시
유의할 점들에 대해 살펴보기로 한다.

1) 상승-Knock out형(원금보존 추구형) ELF

ELF 중 가장 오래된 구조로 원금보존 추구형이다. [그림 2-7-2]는 2013년 초에 출시된 상승-Knock out형 ELF의 예시인데 기초자산을 KOSPI로 한다. 그림과 같이 가입 후 1.5년 되는 시점에서 KOSPI가 최초기준가격(당시 1,800p)에 비해 0~25%까지 상승하면 지수 상승률에다 참여율 60%를 곱한 만큼 수익이 발생하는 구조였다.

하지만 만약 상승률이 25%를 초과할 경우에는 3%의 고정된 수익을 지급하며, 덧붙여 최초기준가격에 비해 하락하더라도 원금은 지급받을 수 있다.

상승-Knock out형의 가장 큰 특성은 주가가 떨어지더라도 수익구조상 원금을 보존 받을 수 있다는 것이다. 따라서 이 상품은 원금을 꼭 지키되 정기예금 이자율보다 아주 소폭의 초과 수익률을 추구하는 정도의 투자자들에게 적합하다고 볼 수 있다.

이 펀드의 투자에서 중요한 점은 우선 '정기예금 이자 이상의 수익이 발생되는 주가범위가 어디인가' 이다. 투자의 목적은 원금 보존이 아니라 정기예금 이자를 초과하는 수익의 창출이기 때문이다. 당시 1.5년(18개월)동안 정기예금 예치시 원금의 4%를 이자로 받는다고 가정할 때 이를 초과하는 수익을 내려면 1.5년 후 KOSPI는 1,920p를 넘어야 했다.

물론 1,800p에서 25% 상승한 2,250p를 초과하면 3%의 낮은 고정수익만 발생되므로 상기 ELF에서 정기예금 금리 이상의 수익이 발생하는 KOSPI의 범위는 1,920~2,250p 이다.

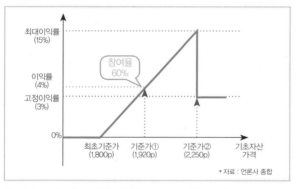

[그림 2-7-2] **원금보존추구/상승-Knock out형 ELF의 손익구조 예시**

그 다음 정기예금 이상의 수익이 발생되는 주가 범위가 향후 시장전망과 부합되는지도 중요하다. 가입 당시 KOSPI는 그리스 사태로 주가가 단기 하락했지만 저평가

매력이 여전히 높은데다 미국의 실물경기지표들이 회복 중인 만큼 연내 반등할 가능성이 높은 것으로 보았다.

이를 반영할 때 최초기준지수가 KOSPI 1,800p 전후라면 ELF에 대한 투자는 긍정적으로 판단되었다. 덧붙여 이 펀드는 1.5년이 지난 2014년 12월 KOSPI가 1,900p 중반에 종료되며 4.5%(연 3%)의 수익을 냈다.

2) Step-down형 2-Star(원금 비보존형) ELF

ELF 중 가장 많이 팔리고 대중적인 유형으로 고수익을 제시하는 대신 수익구조상 원금을 보장하지는 않는다. [그림 2-7-3]은 과거 출시된 Step-down형 2-Star ELF의 예시로서 기초자산은 KOSPI200과 미국의 S&P500 2가지이다. 가입 후 3년간 6개월 단위로 총 6번 관찰하여 상환여부를 결정하며 관찰시점에서 2개의 기초자산의 지수 종가가 모두 최초 기준지수 대비 각각 90%(~1년), 85%(~2년), 80%(~2년 6개월), 45%(~3년) 아래로 떨어지지 않으면 원금과 연 10.4%(단리)의 수익금을 지급한다.

하지만 만약 ①가입 중에 두 기초자산 중 하나라도 최초 기준지수의 45% 아래로 하락한 적이 있고 ②만기시점에 둘 중 하나라도 최초 기준지수의 80%에 못 미친 경우에는 손실이 발생한다. 이때 손실률은 두 기초자산 중 최초 기준지수에 비해 더 많이 하락한 지수의 하락률로 확정된다. 만약 ①에 해당되면서 만기시점에서 S&P500이 −15%이고 KOSPI가 −30%라면 펀드 가입자는 −30%의 원금손실을 보게 되는 것이다.

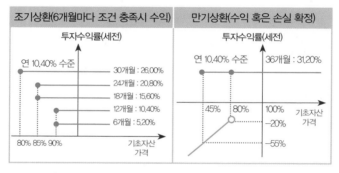

[그림 2-7-3] Step Down형 2-Star ELF의 손익구조 예시

Step-down형 2-Star ELF는 상승-Knock out형 ELF 보다 기대 수익률이 높은 만큼 중수익을 추구하는 투자자에게 적합한 상품이다. 하지만 '공짜 점심은 없다'는 말처럼 기대 수익률이 높을수록 원금 손실 가능성 또한 상대적으로 높다는 사실은 염두에 둘 필요가 있다.

Step-down형 2-Star ELF의 수익-위험구조를 파악

하기 위해서는 우선 ELF의 수익을 결정짓는 기초자산이 무엇인가를 살펴봐야 한다. ELF의 기초자산이 삼성전자와 같은 개별주식이냐 KOSPI와 같은 주가지수냐에 따라, 주가지수도 미국 같은 선진국이냐 아니면 중국이나 브라질 같은 신흥국이냐에 따라 수익성도 위험도 달라지기 때문이다.

통상 개별주식의 경우 주가지수일 때보다 수익률과 더불어 손실발생의 위험도 더 높으므로 만약 투자경력이 짧고 개별 종목에 대한 분석이 어려운 투자자라면 안전성이 높은 지수형 ELF가 더욱 바람직하다. 지수형 중에서는 선진국 또는 신흥국 중 한국처럼 저평가 매력이 높은 나라의 주가지수를 선택하는 것이 더 안전하다.

또한 Step-down의 경우 조기 상환 가능성이 높을수록 안정적이다. 예를 들어 조기상환 조건을 최초 가격의 95% 이상부터 시작하는 것보다는 85% 이상부터 하는 것이 상환가능성이 더 높아 투자자들이 선호한다. 대신 이 경우 제시수익률은 상대적으로 낮아지게 된다.

손실 발생구조 또한 무시할 수 없다. Step-down형

2-Star ELF를 가입하기 전에는 우선 손실 발생요건에 해당하는 주가범위를 살펴봐야 한다. 손실 발생요건에 해당하는 주가 수준이 최고 기준시점의 50% 미만인 것과 60% 미만인 것 두 개 중에서는 당연히 전자가 후자보다 더욱 안전하다.

여기에 녹인(Knock-in)과 노 녹인(No Knock-in) 여부도 확인해 볼 필요가 있다. 손실발생요건 중에는 가입기간 중 한번이라도 손실 발생요건에 해당하는 수준 아래로 주가가 하락하면 요건이 충족되는 녹인(Knock-in) 구조와 오로지 만기 시점의 주가만 손실 발생요건 해당여부를 확인하는 노 녹인(No Knock-in)구조가 있다.

예를 들어 2007년 10월 말에 기초자산중 하나인 KOSPI가 2,064p에서 50% 이상 하락하면 손실 발생요건을 충족하는 3년만기 ELF에 가입했다고 하자. 이 상품이 만약 Knock-in 구조라면 글로벌 금융위기가 한창이던 이듬해 11월 KOSPI가 1,000p 아래로 급락하여 경우에 따라 큰 손실이 발생할 수 있지만 No Knock-in구조라면 아무 문제가 없다. 만기인 2010년 10월 말에 KOSPI는 1,882p로 최초 기준지수에 비해 91% 가량 회복했기 때문이다.

마지막으로 기초자산간의 움직임도 중요한 요인이 된다. 기초자산들의 움직임은 가급적 비슷할수록 유리하다. 예를 들어 두 지수가 같이 떨어지고 같이 상승하는 식으로 유사하게 움직인다면 수익 발생 가능성이 높다. 반면 지수들이 서로 반대로 움직여 둘 중 하나가 30% 상승할 때 나머지 하나가 30% 하락하는 식이라면 수익 발생이 거의 불가능하기 때문이다.

3) 그 밖에 다양한 구조의 ELF

ELF의 구조는 위에서 말한 것 외에도 너무 다양해서 일일이 설명하기가 어려울 정도이다. 사탕 뽑기에서 당첨 숫자로 무엇을 고르냐에 따라 다양한 당첨구조가 나오는 것과 같기 때문이다.

최근에는 투자자들의 니즈(needs)가 다양해 지면서 상기 2가지 유형 외에도 다양하고 독특한 구조의 ELF들이 속속 출시되고 있다. 위에서 소개한 2-Star 대신 3개의 기초자산을 집어넣은 3-Star나 녹인 구조에서 주가가 하단 아래로 내려갔을 때 바로 손실요건을 충족하지 않고 구조가 바뀌면서 한 번의 상환기회를 더 주는 구조도 최근 인기를 끌고 있다.

또한 지급조건이나 기초자산별로 구조를 달리 보는 경우도 있는데 조건 충족시 매월 수익금을 지급하는 '월 지급식ELF'나 두 개의 기초자산 전망에 따라 손실 발생요건을 다르게 설정해 놓은 속칭 'Two-Way ELF' 등이 좋은 예이다.

최근에는 2012년 9월 처음 출시된 후 연 7%대 이상의 높은 수익률을 올리는 ARS 펀드가 출시되어 투자자들에게 큰 관심을 얻고 있다. 특히 2013년에는 이에 투자한 대학기금이나 기관투자가들이 17%에 달하는 높은 수익을 얻었다는 사실이 입소문으로 전해지며 개인투자자들의 관심도 더욱 뜨거워졌다.

ARS 펀드란 원금 보장형 ELS의 장점과 롱-숏 펀드의 수익성을 동시에 추구하는 롱-숏 ELB에 투자하는 펀드이다. 롱-숏 ELB는 자문사가 운용하는 롱-숏 포트폴리오의 가치를 지수로 해서 이 지수가 사전에 정한 한계점 이하로 내려간 적이 없으면 지수 상승분과 채권의 이자수익을 더해 주식을 확정짓는다. 만약 한계점 이하로 내려가는 손실이 발생하더라도 투자 원금은 보장된다.

이런 운용의 비결은 투자자금을 ELB와 똑같은 만기의 일반 채권 등에 투자하여 이자수익을 확보하기 때문이다. 예를 들어 채권 투자시 나오는 이자수익 2.5%를 감안할 때 2년간 롱-숏 전략에서 5% 정도의 손실이 나더라도 원금은 보장된다. 다시 말해 기초자산의 가격이 일정 수준, 통상 기준가격의 95% 밑으로 떨어지지 않으면 롱-숏 전략에 따라 발생한 수익을 얻고 95% 밑으로 떨어지면 원금만 돌려받는 구조다. 따라서 ARS 펀드의 장점은 운용구조상 원금보존 능력이 탁월하면서 수익성 또한 우수하다는 데 있다. 단, 원금 보장형 상품이긴 하지만 운용형 상품에 가깝기 때문에 투자에 성공하기 위해서는 투자자문사의 롱-숏 운용능력이 중요하다.

따라서 과거의 운용성과를 살펴볼 때는 수익성 외에도 고점 대비 최고 손실률이 하락 한계점 이하로 내려간 적이 있는지, 있다면 몇 번이나 그랬는지를 살펴볼 필요가 있다.

8 그 밖의 다양한 중위험 중수익 펀드

위의 7가지는 가장 일반적인 유형들일 뿐이고 이 외에도 구조상 훨씬 다양한 유형의 중위험 중수익 펀드들이 있다. 사실 운용으로든 아님

투자대상으로든 어떤 식으로든지 간에 구조적으로 중위험 중수익 투자만 되면 되기 때문에 꼭 위의 일곱 가지로만 제한을 둘 필요는 없다.

예를 들어 7. ELF에서 잠깐 소개한 DLF(Derivatives Linked Fund, 파생연계펀드) 중에도 다양한 구조의 중위험 중수익 펀드들이 많다. 예를 들어 특정 기업을 정해 놓고 일정기간 동안 그 기업이 파산이나 구조조정 당하지 않으면 정기예금보다 1~2% 더 높은 수익금을 주는 신용연계 펀드는 2010년 이후 투자자들에게 인기가 높다.

그 외에 앞서 본 ELF와 유사한 구조이면서 주식 대신 유가·환율·귀금속 등 다양한 기초자산으로 구성되어 있는 스텝다운(업)형 DLF도 시중에서 인기가 높은 중위험 중수익 펀드이다. 물론 DLF의 경우 기초자산만큼이나 구조도 다양해서 조금만 발품을 파는 수고를 하면 투자자들의 선호도에 맞는 상품들을 찾아 볼 수 있다.

장기채권형 펀드도 중위험 중수익 펀드로 최근 떠오르고 있다. 그 이유로는 일단 저금리가 고착화 되다 못해 향후로도 지속될 가능성이 높고 점차 장기채권에 대한 투자수요가 증가하다보니 채권 강세는 장기적으로 지속될 가능성이 높기 때문이다.

게다가 금리 하락시 장기채권형 펀드가 단기채권형 펀드에 비해 더 많은 수익이 난다. 위에서 본 것처럼 시중금리가 떨어지면 채권가격은 올라간다. 그런데 이때 다른 조건이 모두 동일하다면 중간에 주는 이자가 원금에 비해 적을수록, 그리고 만기가 길수록 시중금리가 약간만 떨어져도 채권가격은 더 큰 폭으로 상승한다.

만약 중간에 이자를 주지 않는 10년짜리 채권과 1년짜리 채권의 경우 금리가 1% 떨어질 때 이론상 전자의 가격은 10% 상승하는 반면 후자의 가격은 1%만 상승한다.(좀 더 정확하게는 채권의 듀레이션에 대한 설명이 필요하지만 이 책의 목적을 감안해서 이 정도만 언급하기로 한다)

그 외에도 부동산이나 기존의 부실채권을 담보로 해서 만든 ABS 등 구조화 증권에 투자하는 대신 예금 대비 2% 이상 높은 수익금을 제시하는 구조화 펀드 등 중위험 중수익 펀드의 종류는 무궁무진하다고 볼 수 있다.

9 부동산 푸어의 함정에 빠진 준형의 아버지

2014년 4월 중순의 어느 날, 준형은 아들 지훈과 산책을 다녀왔다. 집 부근의 산책로를 따라 40분쯤 걷다 보니 이마에 살짝 땀이 맺히며 운동도 적당하게 되었다. 엘리베이터를 기다리며 그는 역시 새로 지어진 뉴타운에 들어오길 잘 했다는 생각을 했다.

준형은 지난 해 집을 옮겼다. 이전 집에서 7년 정도 살다 보니 기분전환 겸 집을 바꾸고 싶기도 했고 아이들도 앞으로 커 갈 것을 생각할 때 좀 더 큰 평수로 옮기고 싶다는 생각이 들었기 때문이다. 아내 수영도 좀 큰 아파트에서 제대로 된 넓직한 주방을 가지고 싶다고 노래를 하던 터라 그는 2억원 정도 은행 대출을 받아서 새로 아파트를 장만했다.

집에 들어오니 딸 하나가 준형 품에 파고들며 응석을 부렸다. 부엌에서 늦은 점심을 준비중인 아내의 표정은 내내 밝아 보였다. 지난 해 이사 온 다음 새로 대형 오븐을 장만한 이후부터 맛있는 음식을 많이 만들자 그 전에는 주말만 되면 외식 타령을 하던 애들도 집밥을 더 좋아하기 시작했다.

"그래, 아무리 생각해도 집은 잘 옮겼어. 대출이 조금 부담스럽긴 하지만 이런 게 행복이지 뭐. 금리가 낮으니까 부담도 얼마 되지는 않고… 요즘 부동산 시장 살린다고 정부도 애 쓰는데 집 값도 조금은 올라가겠지 뭐."

콧노래를 살짝 흥얼거리며 샤워를 마치고 나온 그때 전화벨이 울렸다. 화면을 살펴보니 엄마에게서 온 전화였다.

"엄마, 저예요. 네? 아버지가 병원에 계시다구요?"

전화기를 붙잡고 한참을 심각하게 말하던 준형을 보고 수영이 걱정되는 듯 물었다.

"왜요? 아버님께 무슨 일이 있어요?"

"응, 아버님이 다치셨는데. 지금 병원에 계시다니까 가 봐야겠어. 당신도 빨리 준비해."

준형 부부는 서둘러 옷을 챙겨입고는 아버지가 입원한 구로의 K병원으로 향했다. 정형외과 병동에 도착해서 병실 문을 여는 순간 허리와 골반을 보호대로 감싼 채 누워있는 아버지를 본 준형은 놀란 표정으로 물었다.

"아버지, 도대체 어쩌다가 다치신 거에요?"

"내가 속 터져 못 산다. 석 달 전에 오피스텔 세입자가 나가고 공실이 좀 오래 갔어. 중개업소에 가서 이유를 물어보니 주변에 새 건물들에 비해 낡아서 그렇데. 그래서 도배도

새로 하고 전등도 좋은 걸로 간다고 아침에 나가더니만 저렇게 다쳐서 돌아왔지 뭐냐. 내가 그냥 사람 불러 하자니까 돈 아낀다고 직접 하다가 의자 위에서 넘어진거야."

준형의 어머니는 아버지를 한번 흘겨 보고는 속상한 얼굴로 준형에게 상황을 설명했다. 2003년도에 정년 퇴직한 준형의 아버지는 처음에 PC방을 차렸지만 2년만에 2억원 가까운 돈만 날린 채 폐업을 했다. 이후 2006년 그는 남은 돈 3억원으로 지금의 오피스텔을 샀다. 당시 은행 이자가 연 6% 가량 하던 시절 오피스텔 투자는 연 9~10%의 짭짤한 임대수입을 가져다 주었다.

그런데 문제는 그 다음부터였다. 올라가던 오피스텔 가격이 2010년 들어서서 반대로 조금씩 떨어지더니만 현재는 투자한 원가 수준으로 돌아와 버렸다. 더 심각한 것은 현재 연 5%로 초기에 비해 반토막이 난 임대수익률이었다. 물론 현재 살고 계시는 시가 3억원짜리 아파트와 이 오피스텔을 감안하면 상황이 나쁜 편은 아니지만 불안감은 떨칠 수 없었다.

"아버지 엄마 말 듣고 그냥 사람 써서 하시지 왜 그러셨어요?"

"허허… 그럼 어떡하냐? 바로 옆에 새로 지은 깨끗한 오피스텔은 늘어나고 낡았다고 공실이 오래 가다보니 관리비로 생돈만 나가니깐 돈이 아까워서 그랬지."

"참 나 잘 했구려. 돈 몇 푼 아끼려다가 돈 더 들게 생겼네. 나이 들면 뼈나 제대로 붙는 줄 알아요? 이 나이 들어서 영감 수발 들어야 되는 내 팔자는 또 뭔지."

"아 이 여편네가 정말, 누가 당신보고 수발 들라고 했나? 나 혼자 있을 수 있으니까 집에 가 있어. 아들 며느리 앞에서 정말 왜 이래, 창피하게."

"어이구, 그래도 창피한 건 아는구려."

"엄마 그만 하세요. 아버지도 지금 얼마나 속상하시겠어요."

보다 못한 준형이 부모님의 싸움을 말렸다. 잠시간의 어색한 침묵이 흐르고 나서 어머니가 뭔가 결심한 듯 아버지에게 말을 다시 꺼냈다.

"여보, 이 참에 저것들을 팔고 그냥 은행 같은 데 묻어뒀다가 조금씩 빼서 씁시다."

"아, 말도 안 되는 소리 하지 말아. 그래도 이게 우리 두 부부 생활 밑천인데 이걸 어떻게 팔아? 거기다가 지금 팔려면 손해를 보고 팔아야 되는데 가당하기나 해? 그리고 은행에 맡겨 봐야 이자 얼마나 나온다고."

어머니의 말에 아버지가 답답하다는 듯 짜증을 내시다가

이내 허리가 아픈 듯 표정을 찡그렸다.

"아 그럼 어떡해요? 그냥 관리비 계속 물어가면서 저대로 내버려 둬요?"

어머니는 고집 피우는 아버지가 답답하다는 듯 한마디 쏘아붙이고는 등을 돌려버렸다. 난감해진 준형이 아버지에게 말을 건넸다.

"우선 주변보다 싸게라도 임대를 주면 어떨까요?"

"안 돼. 그러면 나중에 팔기가 진짜 어렵고 적자도 많아져 힘들어. 이 오피스텔에서 매달 150만원 정도 월세를 받았는데 우리 둘이 기본적으로 쓰는 돈이 월 180만원 정도 되고 너희 엄마 무릎 치료비랑 둘이 먹는 약 값에 이것저것 경조사까지 챙기다 보면 월 250~300만원은 그냥 나가. 지금도 매달 100만원 이상 적자 나는 돈은 집 담보로 마이너스 통장 쓰면서 지내는데 말이야."

아버지는 답답한 듯 한숨을 쉬며 말을 이었다.

"게다가 앞으로 누구 하나라도 아프면 돈이 더 들겠지. 앞으로 큰 병만 안 걸리면 90, 100살까지 살게 될 거라는데 생목숨 끊지 못한다면 그래도 그때까지 쓸 돈은 가지고 있어야지. 그래도 네 동생 장가가면 전셋집이라도 하나 얻어줘야 할텐데… 갑갑하다."

잠시 후 아버지가 잠들고 천안에서 근무중인 동생이 도착하자 준형은 의사를 만나 상담을 했다. 일단 골반뼈가 골절된 만큼 수술 후 3개월 정도 치료가 필요하다는 말에 준형은 갑갑한 생각이 들었다. 그 동안 부모님이 건강하게 잘 지내고 계셔서 별로 걱정을 하지도 않았는데 이런 일이 생기고 보니 장남으로서 부담감이 어깨를 짓눌렀다.

중위험 중수익 펀드,
어떻게 골라야 할까?

03
chapter

중위험 중수익 펀드,
어떻게 골라야 할까?

2014년 5월 3일, 강의를 듣기 위해 여의도 교육장으로 발길을 옮기던 재현과 준형은 마치 유령의 도시처럼 썰렁해진 거리를 보고 이상한 기분마저 들었다. 비록 토요일 오전이지만 이전에 비해 거리는 쥐죽은 듯 조용했고 통행하는 자동차 대수도 눈에 띄게 줄어 있었다. 그래서인지 춘래불사춘이라는 말처럼 날씨마저 쌀쌀하게 느껴졌다.

이처럼 봄이지만 봄 기운이 느껴지지 않는 가장 큰 이유는 바로 전월인 4월 16일 여객선 세월호가 침몰하면서 476명 승객 중 거의 300명 가까운 승객이 사망하는 참사가 발생했기 때문이다. 이 사고로 온 나라가 슬픔과 비통함에 잠기면서 대한민국 경제는 거의 마비되다시피 했다.

지난주부터는 안산 외에도 전국적으로 세월호 침몰사고 희생자들의 분향소가 마련되었고 그들의 죽음을 애도하는 노란 리본의 물결이 주변을 에워쌌다. 반면 그 외의 지역들은 주말만 되면 여지없이 붐비던 주요 상업지역마저도 하나같이 썰렁했다.

강의 시간 20분 전쯤 교육장에 도착한 두 사람의 눈에 강의준비를 하다가 둘을 쳐다보며 반갑게 손을 흔들고 있는 한 단장의 모습이 보였다.

"오, 다들 왔어? 중위험 중수익 펀드에 대해서는 이제 이해를 했어?"

"네, 선배님. 그런데 중위험 중수익 펀드가 생각보다 복잡하네요. 솔직히 학교 다니면서 경제학을 전공하지 않았다면 이해하기가 어려울 뻔 했어요."

"그래? 내가 생각할 때는 아직 익숙하지가 않아서 더욱 그럴 수 있어. 하지만 청계산 올라갈 때 말했던 것처럼 앞으로 시간이 지날수록 중위험 중수익 펀드 투자가 더욱 필요해질테니 이참에 힘들어도 알아 두는 게 좋지. 그나저나 회사 분위기 요즘 많이 어수선하지?"

"네, 지금 세월호 사건 이후로 유통업체들은 거의 죽을 지경이에요. 이맘때면 기업들 야유회 일정 때문에 재고도 빨리 소진되는데 올해는 다 취소되면서 산더미처럼 쌓여있죠. 개인소비도 확실히 준 것 같고요."

"그럴거야. 비통한 마음이야 다들 마찬가지지만 문제는 가뜩이나 심각한 경기 불황이 더욱 심해지는 것 같아서 걱정이네. 빨리 상황이 좋아져야 할텐데…. 아, 벌써 강의시간이 다 되었네. 자리에 앉자."

1 좋은 중위험 중수익 펀드란?

다시 강의장 위로 올라간 한 단장이 인사를 하자 박수가 터져 나왔다.

"안녕하세요, 한민국입니다. 지난번에는 중위험 중수익 펀드의 대표적인 유형들에 대해 깊이 살펴보는 시간을 가졌는데요, 이번 시간에는 그럼 좋은 중위험 중수익 펀드를 고르는 방법에 대해 말씀 드리고자 합니다. 우선 펀드를 옷에 빗대어 질문을 하나 하자면 좋은 옷이란 과연 어떤 옷일까요?"

한 단장과 눈이 마주친 앞 줄의 수강자 중 한 명이 쑥스러운 듯 대답했다.

"글쎄요, 일단 원단과 디자인이 좋은 옷이 아닐까요?"

"그것도 맞지만 저는 한 가지를 더 추가하고 싶어요. 예를 들어 아무리 최고의 디자이너가 좋은 옷감으로 만들었다 하더라도 본인의 스타일에 맞지 않으면 아무 의미가 없어요. 예를 들어 앙드레 김 선생님이 최고의 원단으로 만든 미니스커트라도 다리 노출을 꺼리는 여성에게는 좋은 옷이 될 수 없죠."

한 단장이 질문에 답변한 청중을 쳐다보며 말을 받았다.

"펀드도 마찬가지입니다. 좋은 중위험 중수익 펀드란 운용목표에 맞는 우수한 성과를 지속적으로 내기 전에 먼저 나의 투자성향과 맞는 펀드라야 하죠.

"그런데 옷이야 사람마다 느끼는 가치가 틀리니까 그렇다 쳐도 펀드야 엄연히 수익률이 숫자로 나오는 건데 당연히 성과가 우수해야 좋은 게 아닌가요?"

앞의 청중이 재차 질문을 해 오자 한 단장은 마른 기침을 하며 주위를 환기시켰다.

"예를 하나 들게요. 피델리티 마젤란펀드는 1977년부터 1990년까지 13년 동안 누적수익률 2,700%에 연단위 수익률이 모두 (+)를 기록했습니다. 하지만 1990년에 이 펀드의 스타 매니저였던 피터 린치가 47세의 전성기에 돌연 은

퇴를 해서 화제가 되기도 했는데요, 여하튼 당시 그가 운용한 펀드에 가입한 적이 있는 모든 투자자들의 최종 수익률을 살펴 본 결과 수익을 낸 사람은 전체의 몇 %나 되었을까요?"

"음, 글쎄요, 하지만 13년 동안 27배 올랐고 연단위 수익률이 모두 (+)였다면 그래도 수익을 낸 투자자가 80%는 되지 않았을까요?"

앞의 청중이 눈을 꿈뻑거리며 반문하자 한 단장은 미소지으며 답했다.

"그렇죠? 그런데 실제로는 (+) 수익률을 낸 사람이 절반도 안 된다고 합니다. 뒤집어 말하면 당시 최고의 펀드를 찾아내 가입한 운 좋은 투자자들의 절반 이상이 (-) 수익을 낸 것입니다. 이유는 제가 볼 때 투자 성향상 주식형 펀드 투자에 맞지 않는 이들이 주변의 소문에 무턱대고 투자에 뛰어들었기 때문일 것입니다. 그러다 보니 조금만 손해를 보거나 지지부진한 모습을 보이면 안절부절 못하고 펀드를 성급히 팔아버린 것이죠.

한 단장이 다시 진지한 표정으로 목에 힘을 주며 아래의 내용을 강조했다.

"따라서 수익성도 중요하지만 이에 앞서 내가 감당할 수 있는 수준의 위험을 가진, 즉 나의 투자성향에 맞는 펀드를 선택해야 심리적 불안에 휘둘리지 않고 투자를 지속해서 성공할 수 있는 것입니다."

　그렇게 4시간 정도 한 단장의 강의는 지속되었다. 한 단장이 강의한 주요 내용들을 요약해서 정리하면 아래와 같다.

2 첫째, 성과가 안정적이고 꾸준한지 확인할 것

　　　　　야구에서 A급 타자와 그렇지 않은 타자를 가리는 기준은 여러 가지가 있겠지만 이 중 가장 중요한 덕목은 '3할 타율을 넘느냐 아니냐'이다. 3할을 넘기려면 한 두 달이 아니라 시즌 내내 부상을 당하지 않으면서 컨디션 관리를 통해 꾸준한 타격 페이스를 유지해야 가능하기 때문이다.

　이런 '꾸준함'은 중위험 중수익 펀드에서도 '수익성' 만큼이나 중요하다. 왜냐하면 중위험 중수익 펀드 투자를 권하는 이유가 바로 가격 변동성을 낮추어 투자자들이 심리적 불안감을 덜 느끼도록 해서 오랫동안 투자할 수 있도록 하는 데 있기 때문이다. 이런 이유로 중위험 중수익 펀드 운용시 때로는 손실위험을 낮추기 위해 수익성을 일부 포기해야 할 때도 있다.

따라서 좋은 중위험 중수익 펀드의 첫 번째 덕목은 우량한 성과를 꾸준히 내는 것이며 이를 확인하기 위해 최근은 물론이고 장기간 안정적인 초과수익을 꾸준히 내주고 있는지를 같이 살펴봐야 한다. 사실 이런 펀드는 인기상품인 경우가 많아 운용사에서도 더욱 신경을 많이 쓸 수밖에 없다.

다시 말해 펀드의 성과는 최근 6개월간의 단기와 최소 3년 이상의 장기를 모두 살펴보는 것이 좋다. 여기에 덧붙여 2008년 글로벌 금융위기나 2011년 유럽 재정위기 같이 금융시장이 어려운 시기에 얼마나 손실을 잘 막아냈는지 같이 살펴보고 이 또한 양호하다면 더욱 좋다.

반면 이때 특정 시점에서 수익률이 갑자기 나빠지는 경우는 물론이지만 반대로 최근 단기간 너무 비정상적으로 가파른 상승을 보이는 경우도 중위험 중수익 펀드 투자에서는 주의할 필요가 있다. 향후 비정상적으로 오른 가격이 하락할 가능성도 염두에 둘 필요가 있기 때문이다. 차라리 운용 역사가 오래 되었고 장기 성과가 검증된 펀드라면 오히려 최근에 부진했던 것을 고르는 게 더 나을 수 있다.

■ 변동성을 숫자로 나타낸 투자위험 지표, 표준편차 (Standard Deviation)

앞에서 투자시 손해를 볼 수 있는 위험은 불확실성 때문이며 이 때문에 생기는 위험이 얼마나 큰지는 가격의 변동성을 통해 확인할 수 있다고 한 바 있다. 변동성이 크면 투자를 하면서 기대했던 것보다 수익이 높게 나타날 대박의 확률도 커지지만 반대로 오히려 손실을 볼 쪽박의 가능성과 크기도 같이 커지기 때문이다.

변동성을 통계적으로는 표준편차로 표시한다. 표준편차는 기대수익률을 벗어나는 정도, 즉 가격 변동성을 숫자로 나타낸 것으로서 이를 통해 이 펀드에 투자했을 때 생길 수 있는 손실 위험을 짐작해 볼 수 있다.

예를 들어 A펀드의 기대수익률이 연 8%이고 표준편차가 0%보다 크다면 A에 투자할 때 연 평균 8%의 수익률이 기대되지만 실제 결과치는 이를 중심으로 일정 수준만큼 위 아래로 벗어난다는 말이 된다.

이때 만약 A펀드의 표준편차가 8%라면 실제 연 수익률은 이 펀드를 100년간 투자한다고 가정할 때 68년 정도는

0%(=8-8%)~16%(=8+8%), 96년 정도는 -8%(=8-8%×2)~24%(=8+8%×2) 사이에서 변동성을 보인다고 보면 된다.

참고로 내가 운용사의 펀드매니저들과 인터뷰를 할 때 절대수익을 목표로 하는 롱-숏 펀드나 멀티에셋펀드 중 다수는 목표 기대수익률과 목표 표준편차를 연 6~8%로 잡는 경우가 많았다. (실제 이 정도 성과를 매년 꾸준히 내기는 결코 쉬운 일이 아니다)

이 외에도 A펀드와 유사하거나 투자를 고민하는 다른 펀드와 비교하는 데 도움이 된다. 예를 들어 A펀드의 표준편차가 10%인데 이와 유사한 유형의 B펀드는 6%라면 B가 A보다 위험이 훨씬 적다는 말이 된다. 따라서 그에 상응할 만큼 A펀드의 수익률이 B펀드보다 높지 않다면 A펀드를 선택할 이유가 없다. B펀드가 마음 편하게 투자를 하기에 훨씬 낫기 때문이다.

이런 펀드의 표준편차는 어떻게 알 수 있을까? 펀드를 판매하는 금융기관에 문의를 하거나 혹은 펀드닥터 사이트에 접속해서 확인할 수 있다. [그림 3-1]과 같이 펀드닥터 사이트에서 펀드를 검색해서 클릭한 다음 성과/위험분석 버튼을 누르면 과거 3개월부터 3년간의 표준편차를 확인할 수 있다.

수익률(역내)

| 펀드 > 수익률(역내)

현대인베스트먼트로우프라이스증권자투자신탁 1(주식)A1
펀드코드 KR5239A13671

펀드개요   상품정보   일별기준가   **성과·위험분석**   포트폴리오분석   관련뉴스   펀드 VS 펀드   펀드 VS 지수

ㄴ 차트   ㅌ 표   펀드등록

기간누적위험분석

(2015.03.23. 단위 : %)

구분		3개월	6개월	1년	2년	3년
표준편차(%)	표준편차(%)	11.01	16.48	14.35	15.19	17.33
	%순위	78	94	91	100	100
	유형평균	5.94	9.72	8.86	9.65	10.92
BM민감도(β)	BM민감도(β)	-0.04	0.99	1.00	1.03	1.08
	%순위	2	86	88	100	100
	유형평균	0.36	0.74	0.75	0.81	0.84

[그림 3-1] '펀드닥터'에서 펀드의 표준편차를 확인하는 화면

■ **이해하기 쉬운 투자위험 지표, MDD(Maximum Draw Down)**

내 고향에는 연못이 있는데 매년 한 두명은 그 곳에서 익사를 했다. 어릴 때 그런 뉴스를 TV에서 접했던 나는 그 곳이 되게 깊은 줄만 알았다.

그런데 성인이 된 어느 날 연못 옆에 있는 팻말에 그 곳의 평균수심이 120cm라고 적혀 있는 것을 보고 살짝 놀랐다. '아니 이렇게 얕은 연못에서 어떻게 그 많은 사람들이 빠져 죽었단 말인가?'

그때 옆의 친구가 말하길 "야, 여기 봐. 평균 수심이래잖아. 실제 저 연못 중심에는 바닥까지 깊이가 3.5m가 넘는데. 반면 요 앞에는 깊이가 몇십센티미터밖에 되지 않으니까 평균 1.2m라고 적혀 있는 거야. 너같이 생각하는 사람들이 다 여기서 술 먹고 만만하게 생각해서 뛰어들었다가 익사했던 거고."

이처럼 펀드에서 위험을 나타내는 표준편차도 역사상 기대(평균)수익률에서 벗어나는 정도를 전부 더한 다음 나눠 구하다 보니 특정 시점에서 비정상적으로 크게 증가하는 위험은 확인할 수 없다. 사실은 그것이 훨씬 위험한데 말이다. 여하튼 이것을 확인해 보려면 실제 그 펀드의 역사적 성과를 그래프로 살펴볼 수밖에 없다.

예를 들어 [그림 3-2]는 중위험 중수익 펀드의 과거 3년간 성과를 그래프로 보여주고 있는데 이 중 적색선으로 표시된 A펀드는 최근 3년간 20.5%의 성과를 보였다. 연평균으로는 수익률이 6.41%로 중위험 중수익 펀드로서는 나쁘지 않은 수준이었다.

하지만 과연 이 그래프를 본 투자자들은 A펀드를 선택하고 싶은 생각이 들까? 실제로 강의장에서 이 그래프를 본 청중들의 대부분은 A펀드를 별로 좋아하지 않았는데 그 이유는 바로 펀드가 중간에 보여준 불안한 모습 때문이다. 예를 들어 2014년 4분기에 이 펀드는 전고점 대비 무려 11% 하락했는데 이는 주가지수인 KOSPI보다 더 큰 폭이다.

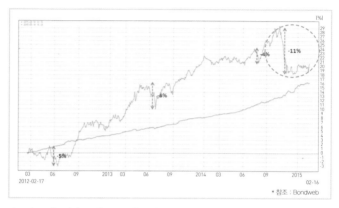

[그림 3-2] 장기 그래프 흐름을 통한 펀드의 고점대비 가격 하락폭 측정 예시

이처럼 과거 고점 대비 최대 하락폭을 가리켜 MDD (Maximum Draw Down)라고 하며 이 펀드의 경우 최근 3년간 −11%로 중위험 중수익 펀드라고 하기에는 다소 민망할 만큼 높다. 여하튼 여기서 우리는 두 가지 시사점을 찾을 수 있는데 첫째, 손실위험을 줄이기 위해 중위험 중수익 구조인 이 펀드에 가입한 투자자라면 감당하기 어려운 손실이 단기간에 발생했다는 점이다.

두 번째로, 펀드 운용상 뭔가 큰 문제가 발생했다는 점을 알 수 있다. 앞서 최대 하락폭이 같은 기간 KOSPI보다 더 컸다는 것은 매니저의 종목선택이 실패했다는 것을 의미하는데 이는 수익률을 높이기 위해 중소형 테마주식에 대한 투자비중을 너무 높인 것이 아닌가 하는 의혹이 든다. 중소형주는 투자자금 유입에 따른 상승과 유출에 따른 하락이 주가지수보다 더욱 크게 나타나기 때문이다.

실제 해당 펀드는 연초에 매니저가 이직을 하자 투자자가 이탈하는 등 한동안 운용과 수익률 제고에 어려움을 겪었던 것으로 알려졌다. 그렇다면 새로 교체된 펀드 매니저의 입장에서는 수익률을 높여야 한다는 압박을 크게 받지 않았을까? 그러한 압박감이 무리한 종목 선택으로 연결되진 않았을까 하는 나름대로의 추리를 해 본다.

이처럼 수익률과 표준편차 외에 과거 장기성과 그래프를 통해 MDD를 따져 보면 해당 펀드가 과연 나의 투자성향에 적합한지와 더불어 특정 시점의 운용상 문제점 발생 여부도 같이 확인해 볼 수 있다.

3 둘째, 펀드의 수익−위험구조가 나의 투자성향과 맞는지 살필 것

이제 투자하고 싶은 펀드의 수익성과 위험구조를 제대로 알았다면 앞서 살펴본 것처럼 나의 투자성향에 맞는 펀드인지를 따져볼 필요가 있다. 앞서 피터 린치의 사례처럼 아무리 장기 수익성이 좋은 펀드라도 내가 감당할 만한 수준의 가격 변동성이 아니라면 결코 나에게는 좋은 펀드가 될 수 없기 때문이다.

그럼 나의 투자성향은 어떻게 알 수 있을까? 금융기관에서는 설문조사를 통해 나의 투자성향을 표준화된 5가지 투자성향 중 하나로 분류하지만 이것만으로는 부족하다. 따라서 우선 이 펀드에 투자했다고 가정할 때 이정도면 팔지 않고 버틸 수 있다고 생각되는 손실수준을 각각 떠올려 보자.

그런 다음 투자하려는 펀드의 변동성이 과연 내가 감당할 만한 지를 살펴보자. 이를 위해 앞서 살펴 본 펀드의 표준편차나 전고점 대비 하락 폭인 MDD를 활용해 보면 좋다. 예를 들어 나는 중위험 중수익 펀드 투자시 MDD가

-5%를 넘어가는 걸 원하지 않으며 하물며 -10%가 넘는 하락을 보였다면 아마 사전에 못 견디고 펀드를 팔아버렸을 것이다. 따라서 [그림 3-2]의 펀드는 나에게 맞지 않다.

[표 3-1]은 국내의 중위험 중수익 펀드들이 가지는 수익-위험구조를 표로 나타낸 것이다. 이를 통해 내 투자성향에 맞는 펀드의 유형을 손쉽게 찾는 데 도움이 될 것으로 본다. 참고로 수익-위험구조는 자산배분형 펀드 중 원금보존 추구형 ELF와 공모주 펀드가 가장 낮고 주식 편입비 30% 미만의 채권혼합형이나 공모형 롱-숏 펀드도 낮은 편이다.

[표 3-1] 주요 중위험 중수익 펀드들의 수익-위험 구조

유 형	수익·위험	비고
롱-숏 펀드(공모)	★★★	순 편입비 10~30%, 총 편입비 110~150%내외 펀드매니저의 종목선택 역량에 좌우
롱-숏 펀드(사모)	★★★★★	공모 대비 제약조건 없어 공격적 투자 가능 펀드매니저의 종목선택 역량에 더욱 크게 좌우
커버드콜 펀드	★★★★	일반 주식형 대비 평균적으로 낮은 수익- 위험구조 단, 편입 주식 포트폴리오의 유형 및 성격에 따라 편차
메자닌 펀드(해외/공모)	★★★★	편입자산의 신용위험 대체로 높아 수익-위험 모두 높은 편 하지만 종목별 분산도가 양호하여 대체로 상쇄
메자닌 펀드(국내/사모)	★★★★★	편입자산의 신용위험 대체로 높아 수익-위험 모두 높은 편 분산투자가 어려워 운용사의 채권 선택능력이 관건
해외채권형 펀드(고금리)	★★★★	편입자산의 신용위험 대체로 높아 수익-위험 모두 높은 편 지역/종목별 분산도 양호하나 평균만기에 따른 편차를 보여
자산배분펀드(국내/공모주)	★★	주식비중 10% 미만의 공모형 공모주 펀드는 원금보존능력 탁월, 단 편입채권의 평균 만기에 따라 소폭의 편차 발생
자산배분펀드(국내/채혼)	★★★	주식 30% 미만의 일반채권혼합형 펀드는 안전성 매우 높아 단, 초과성과는 운용사의 주식운용역량에 따라 편차 발생

유 형	수익 · 위험	비고
자산배분펀드(해외/공모) 인컴펀드(해외)	★★★★	멀티에셋 펀드는 펀드 매니저의 종목선택 역량이 좌우 인컴펀드는 신용위험으로 수익–위험구조 상대적으로 높아
ELF(원금보존추구)	★	대부분 2년미만의 단기로서 투자대상인 ELS 발행사의 신용 위험을 제외하면 원금손실 위험 거의 없어
ELF(원금비보존)	N/A	기초자산, 만기, 손실발생구조에 따라 편차가 다양

참조1) 상기 표는 독자의 이해를 돕기 위해 저자의 관점에서 정리한 것으로서 보는 이에 따라 해석상
차이가 있을 수 있음. 또한 동일 유형의 펀드 중에서도 주식 편입비중 등 운용방식에 따라 편차가
존재할 수 있음.

참조2) 각각의 항목은 별의 개수를 1~5개로 표시했으며 많을수록 기대수익률과 위험도 크다는 의미임.

4 셋째, 나의 상황에 따른 세금 부담이나 절세효과도 감안할 것

"3년 전 1억원을 투자한 ELF가 드디어 연 7%의 수익률로 상환되었습니다. 그런데 2천만원이 넘는 고수익의 기쁨도 잠시 뿐이고 이 때문에 금융소득 종합과세 대상이 되어 세금은 물론이고 그 동안 내지 않았던 건강보험료도 월 40만원 정도 더 내게 되었습니다. 지난 해 친구가 몇 배 더 많은 돈을 투자한 롱–숏 펀드는 수익률도 좋았지만 세금이 거의 안 나왔다던데… 허탈하네요."

위의 사례와 같이 펀드를 고를 때에는 수익성과 더불어 절세효과도 같이 감안하는 것이 좋다. 수익성이 아무리 높더라도 떼는 세금이 많거나 이로 인한 별도의 불이익이 있

다면 실제 내 손에 쥐는 돈은 그보다 더 적기 때문이다. 반면 다소 위험이 있거나 수익성이 낮더라도 세금혜택이 있는 상품이라면 그렇지 못한 상품보다 더 유리하다.

일단 펀드의 초과수익 원천으로 국내 장내주식 및 선물옵션 투자비중이 높으면 높을수록 매매차익이 비과세 되어 절세효과가 크다. 여기에 해당하는 대표적인 펀드가 바로 국내 롱−숏 펀드와 커버드콜 펀드이다. 국내 자산배분형 펀드 또한 절세효과는 양호한 편이다.

반면 해외주식 및 채권투자비중이 높은 해외채권형 펀드, 자산배분형 펀드(해외)의 절세효과는 낮은 편이다. ELF의 경우 위의 사례처럼 조기상환되지 않고 만기가 연장되어 누적된 수익금이 일시에 나올 경우 세금 폭탄을 맞을 수도 있는 만큼 가급적 조기상환 가능성이 높은 구조의 ELF가 세제상으로 유리하다.

참고로 [표 3-2]에서는 중위험 중수익 펀드들의 유형별 절세효과를 별 1~5개로 나누어 표현했다. 물론 별 5개의 경우 절세효과가 가장 높고 개수가 줄어들수록 상대적으로 절세효과가 낮다는 점은 앞서 본 수익·위험구조 표와 동일하니 참조하면 좋을 듯하다.

[표 3-2] 주요 중위험 중수익 펀드들의 세제혜택

유 형	절세 효과	주요 내용
롱—숏 펀드(국내)	★★★★	주식 매매차익에 대해서는 금융소득 비과세
롱—숏 펀드(국내외)	★★★	주식 매매차익에 대해서는 금융소득 비과세 (단, 해외주식 매매차익은 과세)
카버드콜 펀드(국내)	★★★★	주식 매매차익 및 옵션 매도프리미엄 모두 금융소득 비과세
메자닌 펀드(해외)	★★	해외채권에서 발생하는 수익은 금융소득으로 과세
메자닌 펀드(국내)	★★★★	주식 전환 후 매도시 매매차익에 대해서는 금융소득 비과세
해외채권형 펀드	★★	해외채권에서 발생하는 수익은 금융소득으로 과세
자산배분형펀드(국내)	★★★	주식 매매차익에 대해서는 금융소득 비과세
자산배분형펀드(해외) 인컴펀드(해외)	★★	해외자산(주식, 채권 등)에서 발생하는 수익은 금융소득으로 과세
ELF	★	발생하는 수익은 금융소득으로 과세(만기 연장시 과세부담 증가)

참조 1) 각각의 항목은 별의 개수를 1~5개로 표시했으며 많을수록 절세효과가 크다는 의미임.
참조 2) 상기 표는 독자의 이해를 돕기 위해 저자의 관점에서 정리한 것으로서 보는 이에 따라 해석상
차이가 있을 수 있음. 또한 동일 유형의 펀드 중에서도 주식 편입비중 등 운용방식에 따라 편차
가 존재할 수 있음.

하지만 이런 절세효과는 무조건 누구에게나 동일하게 적용되는 건 아니다. 투자자마다 상황이 다르기 때문이다. 가령 다른 소득이나 재산이 별로 없어 금융소득종합과세 대상이 되더라도 큰 문제가 없는 이가 있는가 하면 이미 고수입 재산가로서 늘어나는 투자수익금에 최고세율인 38%를 세금으로 떼이는 이도 있다. 따라서 본인의 수입 및 재산상황을 같이 고려할 필요가 있다.

문제는 투자는 물론이고 세금에 대한 지식이 풍부하지 않은 일반 투자자들이 이 모든 것들을 직접 꼼꼼히 챙겨나가기가 쉽지 않다는 것이다. 따라서 가입하기 전에 거래하는 금융기관의 전문 상담직원을 찾아가서 자문을 받아볼 필요가 있다. 또는 [그림 3-3]과 같이 내 상황에 맞는 중위험 중수익 펀드 간편 확인 테이블을 이용해 보는 것도 좋다.

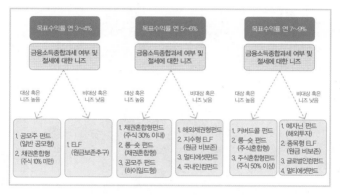

[그림 3-3] 내 상황에 맞는 중위험 중수익 펀드 간편 확인 테이블

5 넷째, 매니저의 과거 경력과 역량을 확인할 것

중위험 중수익 펀드 투자에서는 펀드매니저와 운용 시스템의 역량과 수준에 관심을 가질 필요가 있다. 투자 성과가 펀드매니저의 역량에

의해 많이 좌우되기 때문인데 특히 롱-숏이나 멀티에셋펀드 같은 절대수익추구형 운용전략의 펀드들은 더욱 그렇다.

왜 그런 것일까? 중위험 중수익 펀드매니저는 투자에 있어서 일반 주식이나 채권형 펀드매니저보다 더욱 많은 고민을 해야 하기 때문이다. 다시 말해 초과수익을 내면서도 발생할 수 있는 손실 위험 전체를 동시에 관리하여야 하며, 때로는 위험을 없애기 위해 그와 반대되는 수익의 기회를 과감히 포기할 줄도 알아야 한다.

예를 들어보자. 일반 주식형 펀드의 목표는 시장 평균보다 높은 성과이다. 즉 글로벌 금융위기로 KOSPI 전체가 -50% 손실을 봐도 주식형 펀드의 성과는 -49% 이상만 되면 1차 목표는 달성한 셈이다. 이 때문에 사실 투자가 어려울 땐 주가지수가 커닝페이퍼의 역할을 하기도 한다.

하지만 중위험 중수익(특히 절대수익 추구형) 펀드매니저에게 "글로벌 금융위기로 주가지수가 -50%이지만 제가 운용하는 펀드는 -40%로 선방했습니다"라는 식의 변명은 통하질 않는다. 손실의 위험은 최대한 줄이면서 안정적인 수익을 창출해야 하는 그 고독한 전쟁터에서 그들은 모든 경우의 수를 감안해 움직여야 한다.

따라서 앞서 살펴본 대로 시장 상황과 무관하게 안정적

수익을 내기 위해서는 과거 펀드매니저의 경험과 성과, 그리고 이를 뒷받침하고 지원해 줄 수 있는 운용사의 시스템이 중요하다. 실제 동일한 전략을 쓰는 '롱–숏 펀드'들 사이에서도 매니저의 역량에 따라 성과의 차이는 크게 나타나고 있다.

그럼 그런 운용을 잘 할 수 있는, 즉 역량이 뛰어난 매니저의 특징은 과연 무엇인가? 우선은 자본시장과 투자에 대한 지식과 경험이 풍부해야 한다. 특히 나는 인터뷰에서 투자전략을 말할 때 현재와 유사한 과거의 투자환경과 경험을 근거로 제시하는 매니저에게 더욱 믿음이 간다.

네트워크도 무시할 수 없는 요소이다. 특히 공모주나 전환사채처럼 우량한 물량의 선제적 확보에 투자의 성패가 달린 공모주 펀드나 메자닌 펀드 매니저에게는 이러한 역량이 무엇보다도 중요하다.

마지막으로 유연한 사고이다. 예를 들어 내가 확신하는 시장예측도 한편으로는 어긋날 수 있다는 생각으로 위험관리방안을 세워놓고 있는가를 말한다. 나는 인터뷰를 할 때 잘 나가는 매니저라도 자기 확신이 너무 가득 차 있거나 시장이 예측과 반대로 갈 경우 어떻게 대응하겠냐는 질문에 대답을 못한다면 일단 경계를 하는 편이다.

이러한 것들을 알아보려면 우선 해당 펀드매니저의 경력

과 과거 운용성과들을 살펴 보는 것이 좋다. 이를 위해 운용사 사이트에서 해당 펀드의 투자설명서나 각종 펀드 홍보자료를 찾아보거나 해당 펀드 판매 금융기관 직원에게 자료를 요청해 볼 필요가 있다. 펀드를 판매하는 은행, 증권사 등은 우월적 위치를 통해 운용사에게 자료를 요청하기 쉬운 장점이 있다.

경력년수나 이력 외에 투자철학이나 운용 노하우 같은 것들은 펀드 마케팅 기사들 중 해당 매니저들의 인터뷰 내용들을 통해 간접적으로나마 확인이 가능하다. [그림 3-4] 처럼 펀드닥터 사이트의 펀드슈퍼마켓/리서치⇨매니저 정보를 검색하면 매니저의 과거 경력과 더불어 이런 정보들을 손쉽게 확인할 수 있다.

[그림 3-4] 펀드매니저의 과거 경력 확인에 유용한 [펀드닥터] 사이트

6 다섯째, 가입 전 같이 살펴보면 더욱 좋은 유형별 체크리스트

모든 펀드들이 마찬가지지만 중위험 중수익 펀드들의 경우 그 유형이 워낙 다양하다 보니 유형별로 확인해야 할 포인트도 조금씩 다를 수 있다. 따라서 이들을 잘 이해해 두면 펀드 투자에 있어서 많은 도움이 될 것으로 보인다.

1) 공통 – 위험관리 여부(분산투자, 유동성, 환율 변동위험 등) 및 세금

중위험 중수익 펀드 투자에서 표준편차나 MDD로 위험을 체크해 봤더라도 아래의 세가지를 더 확인해 보면 좋다. 우선 펀드가 얼마나 분산투자를 잘 하고 있는지를 같이 살펴 볼 필요가 있다. 좋은 종목을 선택해서 집중 투자하는 방식은 고수익을 노릴 때는 몰라도 중위험 중수익 펀드투자에서는 좋지 않다. 어차피 목표는 고수익이 아닌 안정적인 적정 수익이기 때문이다.

이를 위해서는 편입된 주식이나 채권이 최소 30종목 정도는 넘어가는지, 그리고 비중도 골고루 배분되었는지를 알아보자. 만약 소수의 종목에 집중 투자되었다면 편입한 주식이나 채권을 발행한 기업의 재무 건전성이나 남은 만기(채권의 경우)를 좀 더 확인해야 한다. 이때 재무 건전성이 좋지 않고 채권의 경우 남은 만기도 길다면 위험이 크므로 주의하는 것이 좋다.

여기에 펀드 투자처의 유동성도 확인해 보는 것이 좋다. 예를 들어 펀드 투자처의 시장 규모 및 거래량이 크면 클수록 유동성이 풍부해서 안정적인 투자가 가능하다. 반대로 시장 규모나 거래량이 적으면 투자한 다음 이걸 팔 때 가격이 속절없이 떨어지는 것을 지켜볼 수밖에 없기 때문이다.

뿐만 아니라 해외 투자를 하는 펀드는 환율 변동에 따른 가격 하락 위험도 체크해 봐야 한다. 예를 들어 미국에 투자하는 펀드가 원화를 달러로 환전해서 미국 A주식에 투자한다고 치자. 이때 1년 동안 A주식이 10,000달러에서 11,000달러로 10% 올랐더라도 같은 기간 원/달러 환율이 1,000원에서 900원으로 10% 떨어졌다면 투자금액은 1천만원에서 990만원으로 오히려 줄어들게 된다.

최근 갈수록 해외투자 비중이 늘어나고 그 방법도 다양해지는 만큼 해외투자를 하는 펀드의 경우 이런 환율 변동위험을 어떻게 대비하는지 같이 확인해 보는 것이 좋다.

특히 중위험 중수익 펀드 투자에서는 이에 대한 중요성이 더욱 크다고 볼 수 있다. 정기예금보다 몇 % 더 큰 수익률을 내기 위해 자칫 너무 큰 위험을 감수해야 한다면 결코 좋은 투자가 아니다.

마지막으로 세금부문도 확인해 볼 필요가 있다. 국내 주식이나 장내 파생상품에 투자하는 경우는 그렇지 않은 경우에 비해 세금에서 차이가 많이 나게 된다. 예를 들어 국내주식에 투자하는 펀드가 20% 수익을 냈다면 떼이는 돈이 거의 없지만[*] 해외주식의 경우에는 최소 3.1%(=20%x세율(15.4%)) 가량을 세금으로 떼게 된다.

2) 롱-숏 펀드 - 주식 편입비, 롱-숏 묶음의 구성방식

롱-숏 펀드의 경우 같은 회사의 펀드라도 주식 편입비나 롱-숏 전략, 그리고 롱-숏 묶음의 구성방식에 따라 수익성과 위험이 전혀 달라질 수 있으므로 이를 확인해 보는 것이 좋다. 예를 들어 주식 순편입비(net exposure)와 총편

---

[*] 국내 주식의 매매차익은 비과세이며 국내 주식형 펀드의 경우 대부분의 수익원이 매매차익이라는 것을 가정.

입비(gross exposure)가 높을수록 수익성도 높지만 자칫 매니저의 판단이 잘못되었을 때의 위험도 높아지게 된다.

또한 롱-숏 펀드는 가급적 페어트레이딩 롱-숏 보다는 펀더멘털 롱-숏 전략을 많이 쓸수록 투자위험이 높다. 펀더멘털 롱-숏의 경우 만약 두 주식에 대한 상승 및 하락 전망이 맞을 경우는 사고 판 주식 모두에서 이익이 나겠지만 반대로 틀릴 경우는 양쪽 모두에서 손실이 나기 때문이다.

마지막으로 국내 주식 외에 다른 나라 주식으로 구성된 롱-숏 묶음(Pair)이 많을수록 투자 위험이 높다. 펀더멘털 롱-숏 전략을 쓸 가능성이 높고 위에서 본 환율 변동 위험도 생기기 때문이다.

3) 커버드콜펀드 – 주식포트폴리오 구성방식

커버드콜 펀드의 주된 수익원은 콜옵션을 팔고 받는 수입(프리미엄)과 보유한 주식 및 채권에서 나오는 이자나 배당, 그리고 이들의 가격이 오를 때 얻는 시세차익이다.

이 중 옵션 프리미엄이나 채권의 이자, 주식의 배당은 안정적인 반면 시세차익은 불확실하다. 만약 보유한 주식이나 채권의 가격이 떨어지면 오히려 손실을 볼 수도 있기 때문이다.

따라서 커버드콜 전략에서 아무리 콜옵션 매도수입이 양
호하더라도 보유중인 주식 포트폴리오가 엉망이어서 주식
시장 평균에 비해 실망스런 성과를 낸다면 아무 의미가 없
다. 따라서 커버드콜 전략의 성패는 좋은 주식을 선택하는
것에 크게 좌우된다고 볼 수 있다. 실제로 국내 출시된 커
버드콜 펀드들은 주식 포트폴리오 구성방식에 따라 그 편
차가 크게 나타난다.

4) 메자닌/해외채권형/인컴펀드-투자 대상지역의 경기, 신용위험 관리방식

통상 시중 금리가 상승하면 채권가격은 반대로 떨어진
다. 예를 들어 연 3%를 주는 채권(부도위험은 없다고 가정)
을 당신이 가지고 있는데 갑자기 시중금리가 연 5%로 뛰었
다고 하자. 이때 당신이 만약 가지고 있는 채권을 액면가 그
대로 받고 팔려면 누가 사주겠는가? 최소한 가격을 연 2%
이자만큼 깎아줘야만 가능한 일이다.

그런데 이런 이론이 메자닌 채권이나 국내외 고금리 채권
에서는 좀 다르게 나타난다. 예를 들어 설령 금리가 상승하
더라도 경기만 괜찮으면 채권가격이 오히려 상승할 가능성
이 높다.

그 이유는 주식관련사채의 경우 경기가 좋아 채권을 발행한 회사의 주가가 오르면 사전에 정해진 전환가격 및 신주인수가격에 주식을 사서 시세차익을 얻을 수 있기 때문이다. 그리고 해외 고금리 채권의 경우 발행국의 경기가 좋아지면 채권 부도율이 낮아지면서 가격이 상승하게 되기 때문이다.

따라서 이들 펀드의 투자 성공여부는 투자 대상지역의 향후 경기가 중요한 요인이라고 할 수 있으므로 이를 먼저 살펴 볼 필요가 있다. 예를 들어 해외 메자닌 펀드의 투자처는 대부분 미국·유럽이므로 이 경우 선진국 경기가 앞으로 어떻게 될 것인가가 중요한 반면 이머징 채권 투자에서는 주요 이머징 국가들의 경기가 중요한 요인이 된다.

또한 세상에 공짜는 없는 법, 주식관련사채에 전환권이나 신주인수권이 붙고 고금리 채권에 높은 금리가 붙는 이유는 발행기업의 신용등급이 낮기 때문이다.

따라서 투자자들은 이 펀드들의 운용역이 부도 가능성과 같은 채권의 신용위험을 줄이거나 관리하기 위해 어떤 방법을 쓰고 있는지를 잘 살펴볼 필요가 있다. 이를 위해 과거 펀드 운용시 편입 종목의 부도율이나 평균 신용등급을 확인해서 위험관리 역량을 비교해 보는 것이 좋다. 과거 비슷한 성과를 보인 펀드들이라면 당연히 평균 신용등급이 높고 부도율이 낮을수록 운용역량이 더욱 뛰어나다고 볼 수 있다.

5) ELF - 기초자산 유형, 수익 및 손실발생구조, 발행사 신용위험

앞서 본 것처럼 '스텝다운(Step-down) 투스타(2-Star) ELF'는 기초자산 가격이 일정 수준 이상으로 하락하지 않으면 정기예금보다 연 3~5% 이상의 높은 수익을 얻을 수 있다. 반면 가입 시점 대비 기초자산 가격이 40~50% 하락하면 손해가 발생한다. 따라서 가입시에는 기초자산 유형과 수익 및 손실발생구조 등을 꼼꼼히 따질 필요가 있다.

우선 ELF를 투자할 때는 기초자산의 유형을 따져봐야 한다. 기초자산은 개별 주가종목과 특정국가의 주가지수 등이 있는데 종목형은 지수형에 비해 상대적으로 고수익을 창출할 수 있는 반면 변동성이 높아 손실 가능성도 높다. 최근에도 GS건설이나 삼성엔지니어링 등의 개별종목을 기초자산으로 한 ELF에서 원금손실이 발생했다. 따라서 일반 투자자라면 가급적 변동성이 상대적으로 적은 지수형 ELF를 추천한다.

또한 원금손실이 발생할 수 있는 주가 하단은 본인의 위험 감수성향에 따라 선택해야 한다. 주가 하단이 높으면 제시수익률도 높지만 시장이 불확실할 때 하단이 지나치게 높으면 원금 손실 리스크도 늘어나기 때문이다. 덧붙여 초보 투자자라면 녹인(Knock-in)보다는 만기 시점의 주가만 보고 손실 발생요건 여부를 확인하는 노 녹인(No Knock-in)구조를 선택하는 것이 더욱 안정적이다.

마지막으로 ELF의 재료가 되는 ELS를 발행한 증권사의 신용도를 확인해 봐야 한다. 만약 발행사가 파산할 경우 아무리 약속한 수익발생조건이 발생했더라도 원금과 수익금을 받을 방법이 없다. 공모형 ELF의 경우 통상 투자설명서에 발행사명과 신용등급이 명기되어 있으므로 이를 확인해 볼 필요가 있다.

7 고령화 시대의 부동산 투자, 생각보다 위험하다

강의가 끝나자 재현과 준형이 앞으로 나와 한 단장이 쓴 보드를 지우개로 지우면서 인사를 했다.

"선배님, 잘 들었습니다. 이젠 중위험 중수익 펀드 투자를 제대로 할 수 있을 것 같아요."

"응. 후배님들이 이렇게 말하니 나도 보람을 느끼네. 그나저나 나는 광명 쪽으로 갈 건데 같은 방향으로 가는 사람 있어? 내가 태워 줄게."

"아, 선배님. 그럼 저 구로역까지만 같이 타고 가면 안 될까요?"

"좋아. 나랑 같이 타고 가자. 그럼 재현이는 잘 들어가고 다음에 봐."

"고생하셨습니다, 선배님. 준형이도 아버지 간병 잘 하고 와."

엘리베이터가 1층에서 멈추자 재현이 인사를 하고 내렸다. 엘리베이터가 다시 지하 주차장으로 내려가기 시작하자 한 단장이 준형에게 말을 걸었다.

"그나저나 아버님이 어디 편찮으셔?"

"네 선배님. 사실은…"

준형은 지난 달 아버지가 오피스텔 도배와 수리를 직접 하려다가 다치신 이야기와 더불어 앞으로 오피스텔 처분에 대한 고민들에 대해서도 이야기 했다.

"음… 준형이한테 그런 사연이 있었구나. 그래 아버님은 좀 어떠셔?"

"12주 진단이 나왔는데 당분간 물리치료 받는 것까지 하면 6달은 넘게 걸릴 거래요."

"저런 빨리 완쾌가 되셔야 할텐데…. 그나저나 아버님의 고민은 부동산 투자에 올인한 수많은 사람들의 공통된 고민이지. 오피스텔의 경우 핵심지역이 아닌 외곽의 대학가 주변은 아직 연 5% 후반까지 나오는 경우도 있다지만 대신 공실 위험이 크지. 반면 핵심지역인 강남역 주변은 공실이 거의 없고 가격도 떨어지지 않지만 임대수익률 5%짜리 오피스텔을 이미 찾아볼 수가 없어."

지하 주차장에서 차를 찾으면서 한 단장이 말을 이었다.

"원룸이나 오피스텔 투자의 가장 큰 문제는 최근 공급이 너무 많았다는 점이야. 2000년대 중반부터 퇴직하고 목돈을 쥐신 분들한테 최고 인기 투자대상이 바로 오피스텔이었어. 가격은 별로 오르지 않아도 임대수요가 많아 수입은 짭짤했는데 공급이 늘어나면서 공실도 많이 늘어나고 있지. 1년을 12달로 나눌 때 두 달만 공실이 생기면 거의 1%의 수익률이 날아가."

"맞아요. 설사 그렇지 않더라도 수선하고 유지하는 비용, 부동산 복비까지 감안하면 실제 내 손에 쥐는 수익률은 과연 5%가 될까 싶어요."

"그렇지. 여기에 더 큰 문제는 지금 거래가 안 된다는 점이야. 게다가 오피스텔은 전세수요는 풍부해도 아파트처럼 내 집 마련 수요가 없어서 팔기가 더욱 힘들어. 급하게 돈을 마련하기 위해 팔려면 급매물로 가격을 크게 깎지 않는 한 어려울 거야."

"선배님, 그럼 오피스텔 말고 다른 부동산은요?"

"상가는 오피스텔보다 상태가 더 심해. 요지의 노른자위 1~2층은 임대수익률이 3%대로 턱없이 낮고 6% 이상 높은 수익을 제시하는 곳은 공실 위험이 엄청나게 높지. 더욱이 요즘처럼 경기가 안 좋을 때는 몇 년씩 공실이 되어서 관리비만 먹는 애물단지들도 많아. 아파트도 마찬가지로 서울 시내의 뉴타운이나 도심 가까운 지역을 제외하면 여전히 투자전망이 어둡고 토지 같은 건 더 이상 볼 필요도 없지."

시동을 건 한 단장의 차가 여의도를 빠져 나와 막 노들길을 들어섰다.

"하지만 더 이상한 건 분명 호가도 떨어지고 거래도 안

되는데 아직도 부동산에 대한 환상과 미련을 못 버리는 사람들이 너무 많다는 거야. 과거에 그렇게 돈을 벌어왔기 때문에 그렇게 생각하는 것도 이해는 되지만 앞으로 미래를 위해서는 우리가 좀 더 냉정하게 현실을 바라봐야 해. 부동산이라는 게 금융자산과 달리 물리적인 실체가 있다보니 가치가 변함없어 보이지만 실상은 절대 그렇지 않아."

"네, 저도 선배님 말씀에 동감합니다."

"솔직히 10년 전만 같았어도 이 정도의 저금리였다면 부동산 시장에 불이 붙었을 거야. 하지만 부동산 시장이 이렇게 조용한 이유는 고령화에 따른 저성장과 인구구조의 변화 때문이고 이건 앞으로도 지속될 수밖에 없는 구조적인 문제야."

"선배님, 그럼 앞으로 저희 아버지 같은 경우는 어떻게 해야 할까요? 그렇다고 요즘 같은 저금리에 은행 예금에 묻어 두기도 그렇잖아요."

"음… 그렇다면 우선 임차인을 구하는 대로 지금 오피스텔을 빨리 정리하시게 한 다음 연 5~6% 정도 수익이 나는 중위험 중수익 펀드 포트폴리오를 짜 드리면 어떨까? 어차피 다음 강의 때 이야기를 할 건데 수업을 들어본 다음 포트폴리오를 짜 보면 내가 같이 봐 줄게."

"고맙습니다, 선배님."

이런저런 이야기를 하다 보니 차는 어느새 구로역 사거리에 도착했다. 준형은 거기서 택시를 잡아 탄 다음 다시 병원으로 향했다. 그는 가족들과 같이 상의한 끝에 일단 임차인을 유치한 다음 매입했을 때의 가격 수준에서 오피스텔을 팔기로 했다. 예상했던 것처럼 처음에는 아버지가 강하게 반대했지만 상황 설명을 꾸준히 하자 아버지의 고집도 한 풀 꺾었다.

8 [참고] 금융 전문가들이 추천하는 8대 중위험 중수익 펀드

위에서 중위험 중수익 펀드의 대표적인 7가지 유형들에 대해 살펴보았다. 이 외에도 더 다양한 유형들이 있는데 중위험 중수익 펀드는 공부를 하면 할수록 우리가 생각했던 것보다 더 복잡한 경우가 많다.

주식, 채권이나 부동산 외에도 전환사채, 해외채권, 선물 및 옵션 등 파생상품에 투자하거나 때로는 주식을 다른 이에게 빌려서 파는 공매도 같은 방식들이 활용되기도 하기 때문이다.

이런 다양성과 생소함 때문에 중위험 중수익 펀드를 제대로 이해하려면 다른 펀드들에 비해 좀 더 많은 노력이 필요한 것이 사실이다. 하지만 솔직히 금융인도 아닌 일상에 바쁜 일반인들이 그 수많은 펀드들을 직접 분석해 보고 공부를 해서 좋은 것을 골라 내기란 어렵다. 따라서 이들을 분석하고 연구해서 옥석을 가리고 투자자들에게 올바른 추천을 하고 그런 상품을 개발하는 금융 전문가들의 역할은 앞으로 더욱 중요해질 것이다.

이러한 금융 전문가들은 보통 금융기관마다 펀드 애널리스트, 상품개발 매니저, 포트폴리오 매니저, 프라이빗 뱅커, 웰스 매니저라는 이름으로 불리며 전국적으로 활동을 한다. 그럼 2015년에 이들은 과연 최근 어떤 중위험 중수익 펀드들을 추천하고 있을까?

이를 위해 나는 2부에서 소개한 중위험 중수익 펀드 유형별 대표상품들 중 2015년 3월 한 달간 5대 시중은행의 대표 금융 전문가 및 펀드 컨설턴트 등 총 8명(필자 포함)에게 5~10개 사이의 펀드들을 각각 추천 받았다. 그리고 이 자료를 바탕으로 유형별로 가장 많은 추천을 받은 8대 중위험 중수익 펀드들을 선정하였다.

아무쪼록 독자 여러분들이 이 코너를 통해서 중위험 중수익 펀드 선택 및 투자에 고민하는 시간을 줄이고 실제 재테크에도 도움이 되었으면 한다.

[설문조사 도움주신분 – 가나다 순]
펀드온라인코리아 민주영 투자교육 팀장님
K자산운용 손ㅇㅇ 매니저님
외환은행 신제요 상품개발 매니저님
KB 오인석 투자자문 팀장님
신한은행 전인봉 프라이빗 뱅커님
농협은행 조한조 펀드 애널리스트님
하나은행 주형래 상품개발 매니저님

1. [롱—숏 펀드] KB한일롱—숏증권펀드 ★★★

■ **개요 및 운용방식 :** 한국과 일본 주식간 롱—숏 전략을 일부 사용하는 (국내외) 롱—숏 펀드이다. 세 명의 금융 전문가들로부터 추천을 받았다.

운용방식은 안정적인 초과 수익을 내기 위해 한국과 일본 주식간의 페어트레이딩 롱—숏을 포함한 다양한 롱—숏 전략을 사용한다. 또한 한국과 일본 증시에서 저평가된 가치주에도 평균 15%(최대 30%)가량 투자하는 인핸스드 전략을 같이 쓰는데 이를 감안해 펀드의 주식 순 편입비율 (Net exposure)은 10~30% 내외로 한다.

롱—숏 묶음 및 가치주 투자를 할 때 일본주식 선정은 일본의 최대 연기금 운용사 중에 하나인 DIAM의 자문(리서치)을 통해 실행한다. 일본투자에 따른 엔화 환율 변동 위험은 비용부담 및 운용의 효율성을 감안하여 일본주식의 순편입비중(총 물량 중 매입물량에서 공매도 물량을 뺀 만큼이 차지하는 비중)이 10%를 초과할 경우에만 환헤지를 통해 없앨 예정이다.

■ **성과분석 :** [그림 3-5]는 이 펀드의 설정일 이후 성과 추이를 나타내고 있다. 2014년 2월 14일 설정 이후 이 펀드의 누적 수익률은 기준일 현재 약 10.2%로 꽤 우수하게 나타났다. 더욱 주목할 만한 일은 같은 기간 표준편차는 약 2.3%, MDD는 −1.21%에 불과할 정도로 상당히 안정적인 흐름을 보였다는 점이다.

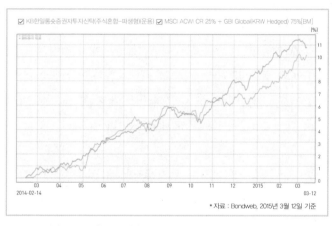

[그림 3-5] **KB 한일 롱−숏 증권자펀드의 역사적 성과**

■ **특징 및 투자의견 :** 이 펀드의 특징은 기존의 롱−숏 펀드와 달리 한국과 일본 주식간 해외 롱−숏 전략을 병행하고 있는 점을 들 수 있는데 이를 감안할 때 향후 양호한 투

자성과가 기대된다. 이유는 일본의 수출기업들이 아베노믹스로 인해 양호한 성과가 기대되는 가운데 동종업계의 한국 기업들과 세계시장에서 경쟁하는 경우가 많아(도요타자동차 VS 현대기아차) 롱-숏 묶음을 짜기가 좋기 때문이다. 또한 일본의 경우 금리가 낮아 주식을 빌릴 때 내야 되는 수수료가 적다는 점도 펀드의 수익성을 상대적으로 높이는 데 도움이 된다.

이 펀드는 롱-숏 펀드 중에서 후발 주자에 속하지만 최근 1년간 위와 같은 우수한 성과를 내어 투자자들의 관심이 높아지고 있다. 같은 기간 다양한 대내외 이슈로 시장의 변동성과 종목별 차별화가 심해지면서 기존에 인기를 끌었던 BIG 3 롱-숏 펀드들이 고전을 면치 못했던 것을 감안하면 더욱 빛나는 성과라고 볼 수 있다.

다만 롱-숏 펀드의 특성상 운용역량이 수익률에 미치는 영향이 절대적인데 펀드가 2014년 2월에 설정되어 운용 역량에 대한 검증기간이 다소 짧다는 한계는 있다. 하지만 이 펀드의 매니저가 홍콩 등 해외에서 롱-숏 헤지펀드 운용을 충분히 경험해 왔다는 점이 이에 대한 우려를 어느 정도 상쇄해 준다.

💬 금융 전문가들이 추천한 다른 롱—숏 펀드는?
- KB코리아롱숏증권자펀드(주식혼합) – ★★
- 미래에셋스마트롱숏증권펀드(시리즈) – ★★
- 마이다스거북이증권펀드(시리즈) – ★

2. [커버드콜펀드] 미래에셋배당프리미엄증권자펀드(주식 혼합) ★★★★★★★★

■ **개요 및 운용방식** : 콜옵션 프리미엄과 고배당주에 투자 하여 안정적인 초과수익을 내는 하이브리드 커버드콜 펀드 이다. 대상 펀드들 중에서 유일하게 모든 금융전문가들로부 터 추천을 받았다.

운용방식은 투자금액의 70% 가량을 우선주와 고배당주 에 각각 8:2 정도로 배분해 두고 나머지 30%는 단기채권 에 투자한다. 펀드매니저는 이를 통해 연 3%(=주식 배당수 익 연 2%+채권 이자수익 연 1%)의 안정적 현금수익을 창 출한다. 이에 더해 현재 지수보다 5% 높은 행사가격의 콜 옵션을 매달 팔아 연 4%의 현금수입을 추가로 내는 것을 투자목표로 한다.

이렇게 매년 7%(=3%+4%)의 높은 현금흐름 수입을 실제로 꾸준히 쌓게 되면 일정 수준의 주가하락에도 원금 보전이 가능해진다. 여기에 2013년과 2014년처럼 우선주나 배당주가 과도하게 상승해서 하락 위험도 높다고 판단될 때는 일반적인 우량 대형주로 교체하는 위험 관리방법도 병행하고 있다.

■ **성과분석 :** [그림 3-6]은 이 펀드의 최근 3년간 성과를 나타내고 있다. 2012년 3월 20일 설정 이후 2015년 3월 12일까지 약 3년 동안 35.9%의 높은 누적수익률을 냈다.

연평균 환산시 11.8%로 상당히 높으며 그런 중에도 기간 중 표준편차는 약 7.6%에 불과할 만큼 안정적인 모습을 보였다. MDD는 −8.47%였다.

■ **특징 및 투자의견 :** 이 펀드의 가장 큰 특징이자 장점은 연 7% 내외의 높은 현금수입을 통해 수익성과 안정성을 동시에 높인 데 있다. 현금수입이 눈처럼 쌓일 경우 일정 수준의 주가하락에도 원금을 손해보지 않는 일종의 쿠션 역할을 하기 때문이다.

또한 펀드매니저가 과거부터 주식부문의 위험관리를 비교적 잘 해 왔다. 예를 들어 2014년 초반에 우선주 가격이 폭등하자 펀드 성과는 중위험 중수익이라고 하기에 부담스러울 만큼 높게 오른 적이 있다. 하지만 이후 우선주 가격이 실제로 크게 떨어질 때 펀드 가격은 상대적으로 안정된 모습을 보였는데 이유는 펀드매니저가 사전에 일반 대형주 중심으로 포트폴리오를 바꾸었기 때문이다.

절세효과 또한 이 펀드의 중요한 특징이다. 펀드의 수익 중 연 3% 가량의 배당수익과 이자수익을 제외하면 대부분은 국내 콜옵션 매도 및 주식 시세차익으로 전액 비과세된다. 관계자에 따르면 설정 후 1년간은 전체 수익의 62%가

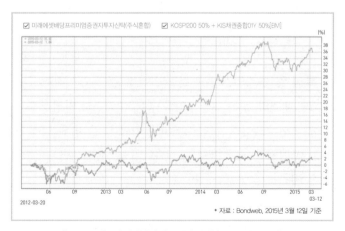

[그림 3-6] 미래에셋배당프리미엄펀드의 역사적 성과

비과세였으며 그 다음 해는 전체 수익의 93%가 비과세 되었다고 한다. 금융전문가들로부터 최다 추천수를 받은 데에는 이러한 절세효과도 한 몫 했다.

덧붙여 우선주 등 고배당주에 대한 향후 전망 또한 여전히 긍정적이다. 저금리, 고령화로 인해 고배당주에 대한 수요는 기관투자자와 더불어 개인들 사이에서도 점차 높아지고 있으며 이런 현상은 앞으로도 지속될 가능성이 매우 높기 때문이다. 따라서 이런 긍정적 요인들을 감안하면 이 펀드의 투자매력은 앞으로도 높다고 볼 수 있다.

> 💬 금융 전문가들이 추천한 다른 커버드콜 펀드는?
> • 미래에셋차이나배당프리미엄증권자투자신탁(주식혼합) − ★★
> • 미래에셋글로벌배당프리미엄증권자투자신탁(주식혼합) − ★

3. [메자닌 펀드] JP모간글로벌전환사채증권펀드 ★★

■ **개요 및 운용방식** : 전세계의 우량 전환사채에 투자하는 (해외)메자닌 펀드로서 총 2명의 금융전문가들로부터 추천을 받았다.

펀드의 운용방식은 전세계의 우량 전환사채에 분산투자하는 것을 기본전략으로 하는데 이를 위해 JP모간이 유럽에서 운용하는 글로벌 전환사채 펀드에 재간접으로 투자한다. 유럽의 원 펀드는 2001년부터 현재까지 운용 중이며 규모는 대략 3조원 가량이다.

세부적으로는 미국·유럽 등 선진국 기업이 발행한 신용등급 BBB- 이상(투자적격등급)인 전환사채에 주로 투자하되 때에 따라서는 채권과 분리되어 거래되는 전환권이나 신주인수권에 투자하기도 한다. 주가 변화에 따른 펀드가격의 변화율('델타'라고도 함)은 40~60%를 유지토록 하는데 이는 주가가 10% 상승(하락)할 때 펀드 수익률은 4~6% 상승(하락)하도록 만든다는 것을 의미한다.(단, 시장 상황에 따라 탄력적 조정 가능)

만약 투자한 다음 이익이 나서 이를 실현할 때는 주식으로 전환하지 않고 전환사채인 상황에서 시장에 파는 것을 원칙으로 한다.

만약 주식으로 전환할 경우에는 30일 이내에 주식을 매도하여 자칫 주식으로 들고 있다가 주가 하락시 손해를 고스란히 입지 않도록 위험관리를 하고 있다.

운용구조상 환율 변동위험은 매우 낮은 편이다. 국내 투자자들이 원화로 투자를 하면 이를 유로화로 바꾼 다음 다시 투자하려는 전환사채의 표시 통화로 바꾸는데 이때마다 별도의 조작(환헤지)을 통해 환율 변동에 따른 손실위험을 최대한 없애는 것을 원칙으로 하기 때문이다.

■ **성과분석 :** [그림 3-7]은 이 펀드의 최근 3년간 성과 추이를 나타내고 있다. 이 펀드의 최근 3년간 누적 수익률은 32.44%로 연평균 9.82%를 기록하였다. 같은 기간 동안 표준편차는 5.33%, MDD는 -7.86%이다.

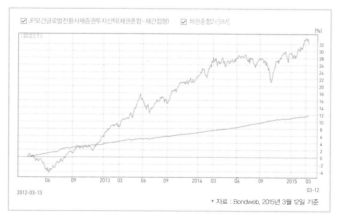

[그림 3-7] JP모간글로벌전환사채펀드의 역사적 성과

■ 특징 및 투자 의견 : 이 펀드의 투자 성패는 주된 투자대상인 글로벌 전환사채시장의 움직임과 매니저의 운용 역량에 달렸다. 글로벌 전환사채시장의 대부분은 미국과 유럽 등 선진국 기업들로 구성되어 이들 증시가 좋아야 투자의 성공가능성도 높다.

따라서 이 펀드는 선진국 증시에 좀 더 안전하게 투자할 수 있는 대안을 찾는 이들에게 더 적합할 것으로 보인다. 다시 말해 미국 및 유럽 증시가 중장기적으로 상승할 것 같지만 그 동안 많이 올라서 단기 하락도 우려되는 투자자라면 이 펀드가 안성맞춤이라는 것이다. 2부에서 본 전환사채의 특성상 주가가 하락할 때는 덜 떨어지는 반면 주가가 상승하면 더 올라가기 때문이다.

펀드의 운용역량도 나름대로 검증되었다. 유럽에서 운용되고 있는 원 펀드의 경우 연평균 8~9%의 수익률을 내어왔는데 2008년과 2011년을 제외하고는 모두 (+)의 수익률을 기록하고 있다.

이런 양호한 수익률에도 불구하고 부도 등 신용위험 또한 잘 관리해 왔다고 볼 수 있다. 예를 들어 펀드의 투자

원칙상 편입채권들의 평균 신용등급을 투자등급으로 유지하도록 하게 되어 있으며 단일 채권의 최대 편입비중이 2%에 불과할 만큼 분산투자도 잘 되어 있다. 설정 이후 편입 종목 중 부도가 난 것이 하나도 없는 등 채권 선정능력 또한 뛰어난 편이다.

> 🕐 금융 전문가들이 추천한 다른 메자닌 펀드는?
> • KB롬바르오디에글로벌전환사채증권자투자신탁(채권혼합-재간접) – ★★

4. [해외채권형] 미래에셋글로벌다이나믹플러스증권자펀드 (채권) ★★★

■ **개요 및 운용방식** : 전세계의 고금리 채권은 물론이고 상황에 따라 선진국과 국내채권 등 안전자산에도 분산투자하는 적극적 자산배분형 펀드이다. 3명의 금융 전문가들로부터 추천을 받았다.

이 펀드는 국내는 물론이고 전세계의 다양한 채권을 투자대상으로 하고 있다. 다시 말해 선진국 국채와 원화채권을 통해 안정적 이자수입을 깔고 가는 동시에 이머징 채권 및 하이일드 회사채 등 고금리 채권투자를 병행하여 안전성과 수익성 모두를 추구하는 것이 이 펀드의 투자목표이다.

관계자에 따르면 운용지침상 투자목표는 국내 채권투자 이상의 수익률을 내는 것과 연 6% 전후의 변동성(표준편차) 관리를 동시에 두고 있다고 한다. 이를 위해 평상시에는 해외 고금리 채권 비중을 많이 가지고 가서 수익을 높이되 금융불안 등으로 이들 채권가격이 떨어질 경우는 안전자산인 선진국 국채 등으로 갈아타면서 적극적인 자산배분을 하게 된다. 따라서 본 펀드에서는 운용사의 채권 자산배분 역량이 각각의 채권시장 투자환경보다 더욱 중요하다.

펀드 내 투자대상의 신용등급은 S&P/Moody's 기준 B-이상이면 가능하도록 했다. 단 B등급 채권은 소버린 채권 및 준정부채만 가능하며 원화채권은 국내 채권신용등급 A+ 이상만 하도록 했다. 이렇게 해서 전체 보유채권에 대한 평균신용등급은 BBB+ 이상이 되도록 신용위험을 관리하는 것이 운용상 특징 중 하나다.

환위험의 경우 외화채권 등 해외자산 보유액의 최대 30%까지는 별도의 조치 없이 가지고 갈 수 있도록 하되 통화별

로는 최대 10%까지만 가능하도록 제한했다. 이 때 환율 변
동위험을 줄이기 위한 비용이 너무 클 때는 원화채권 비중
을 높이기도 한다. 환율 변동위험과 발생하는 비용 사이에
의사결정 또한 펀드 위험관리 역량의 주된 요소인 셈이다.

■ **성과분석 :** [그림 3-8]은 이 펀드의 최근 3년간 성과
추이를 나타내고 있다. 이 펀드의 3년간 누적 수익률은
20.34%(2015년 4월 10일 기준)로 연 평균 6.37%를 기록하고
있다. 같은 기간동안 표준편차는 2.10%, MDD −4.17%이다.

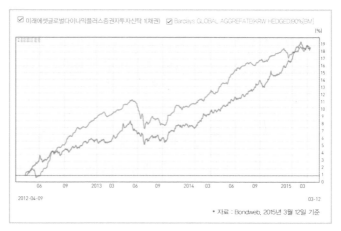

[그림 3-8] **미래에셋글로벌다이나믹플러스증권펀드1 의 역사적 성과**

■ **특징 및 투자의견 :** 이 펀드는 일반적인 해외채권 투자에 적극적 자산배분 전략을 가미하여 안정적인 수익 창출을 투자목표로 하고 있다. 다시 말해 변동성 관리를 통해 절대수익을 추구하는 형태의 운용전략을 취하고 있으며 과거 성과는 앞서 본 바와 같이 이에 걸맞을 만큼 양호한 수준을 보이고 있다.

이 펀드를 운용하는 매니저들은 과거 수년간 꽤 높은 수준의 운용역량을 보여주었다. 과거 2008년 금융위기 때는 선진국 국채 비중을 늘려 포트폴리오의 안전성을 높였으며 이듬해 금융불안이 진정되자 그간 저평가된 이머징 채권 비중을 늘려서 높은 수익을 냈다. 2011년 6월에는 안전자산 비중을 다시 늘려 이후 닥친 유럽 재정위기에 사전 대응하는 모습도 보였다.

현재 이 펀드는 미래에셋자산운용의 간판스타 상품으로 자리잡으며 해당 운용사에 수많은 상을 안겨다 주었다. 따라서 미래에셋자산운용은 앞으로도 해당 펀드의 성과 관리를 위해 높은 수준의 운용역량을 투입하고 관심을 쏟을 것으로 판단되는 만큼 해당 펀드의 수익성과 안전성 또한 꾸준히 지속될 것으로 전망한다.

254

5. [주식-채권간 혼합형] KB밸류포커스30증권펀드 (채권혼합형) ★★★★

■ **개요 및 운용방식** : 국내 주식과 채권에 분산투자하는 주식-채권간 자산배분형(채권혼합) 펀드이다. 총 4명의 금융전문가들로부터 추천을 받았다.

이 펀드의 운용방식은 국내 주식에 30% 이하를 투자하여 주가상승에 따른 수익을 추구하는 동시에 나머지는 국공채 등 우량채권에 투자하여 안정성을 높인다. 주식은 중소형 가치주 투자로 유명한 KB밸류포커스시리즈의 주식형 모펀드에 투자한다.

■ **성과분석** : [그림 3-9]는 설정일 이후 현재까지 이 펀드

의 성과 추이를 나타내고 있다. 2012년 12월 18일 설정 이후 2015년 3월 12일 현재까지 15.62%의 누적 수익률을 보여주고 있는데 연평균 6.72%로 꽤 양호한 수익성을 보여주고 있다. 여기에 최근 2년간 표준편차는 3.11%, MDD −3.84%로 안정적인 모습을 보여주고 있다.

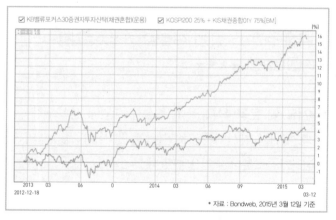

[그림 3-9] KB밸류포커스30증권자펀드의 역사적 성과

■ **특징 및 투자의견 :** 이 펀드는 구조적으로 채권비중이 높아 안전성이 높다. 이유는 채권과 주식은 그 특성상 가격이 서로 거꾸로 갈 때가 많아 자산배분효과가 크기 때문이다. 다시 말해 경기가 좋아 금리가 상승하는 등 채권가격이 약세를 보이면 주식가격이 강세일 때가 많고 반대로 경기가

나빠 주식가격이 약세를 보이면 금리가 떨어지면서 채권가격이 강세를 보일 때가 많이 나타난다.

펀드매니저의 운용역량도 상당히 높은 것으로 판단된다. 다른 중위험 중수익 펀드와 비교할 때는 물론이고 유사한 주식-채권 비중을 가진 유형의 다른 펀드들보다도 변동성은 낮은 반면 수익성은 꽤 높게 나왔기 때문이다. 2부에서 살펴 본 것처럼 펀드의 투자 목표인 수익성은 펀드매니저의 주식 운용역량에 전적으로 달렸다.

참고로 KB자산운용은 중소형 가치주 펀드의 스타상품인 KB밸류포커스펀드를 성공적으로 운용하며 역량을 검증해 온 운용사이다. 마지막으로 고령화와 저성장이 지속되면서 향후 대한민국의 금리도 더욱 낮아질 가능성이 높은 만큼 채권시장 또한 중장기적으로 전망이 밝다.

> 🌀 금융 전문가들이 추천한 다른 주식-채권간 혼합형 펀드는?
> • 한국밸류10년증권펀드1(채권혼합형) - ★★★
> • NH-CA Allset 스마트인베스터5.0분할매수증권자펀드(주식혼합) - ★
> • 미래에셋라이프사이클5060증권전환형자펀드(채권혼합) - ★

6. [자산배분-공모주펀드] 동양뱅크플러스공모주10증권 펀드2(채권혼합) ★★★

■ **개요 및 운용방식 :** 자금의 일부를 공모주에 투자하며 원금손실 위험이 매우 낮은 국내 주식-채권간 자산배분형 (채권혼합형) 펀드이다. 총 3명의 금융전문가들로부터 추천을 받았다.

본 펀드는 자금의 10% 이하를 주식(공모주)에 투자하며 나머지는 채권에 투자하는 운용전략을 사용하고 있다. 공모주 투자는 청약을 받은 이후 상장되어 가격이 비싸질 때 팔아 시세차익을 남기는 방식인데 이 펀드의 경우 위험관리를 위해 연간 40~50개의 공모주에 분산투자를 하고 있다.

반면 채권의 만기는 0.5~2년 수준으로 가급적 짧게 가져가면서 안전성 확보에 주력하고 있다. 주된 수익 창출원은 채권이 아닌 공모주 투자이기 때문이다. 단 필요할 경우 장단기 금리차를 활용하는 등 추가수익 창출을 적절히 활용하기도 한다.

■ **성과분석 :** [그림 3-10]은 이 펀드의 성과를 나타내고 있는데 최근 3년간 16.5%, 연평균 5.23%의 높은 성과를 보였다. 반면 같은 기간동안 표준편차는 0.9%, MDD는 -0.4%도 안 되는 안정적인 성과를 보여주었다. 그림을 보면 주식시장의 흔들림과 무관하게 마치 정기예금처럼 꾸준하게 상승하며 수익을 내는 모습이 인상적이다.

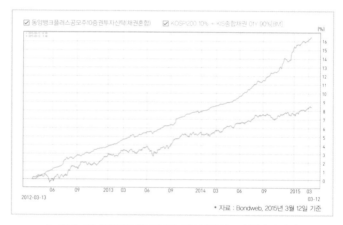

[그림 3-10] 동양뱅크플러스공모주10증권펀드의 역사적 성과

■ **특징 및 투자의견 :** 이 펀드는 높은 안전성이 가장 큰 특징이다. 채권에 100% 투자하는 것보다는 주식을 조금 섞을 경우 자산배분효과에 의해서 안전성과 수익성 모두를 높일 수 있다. 실제로 이 펀드는 국내증시가 60% 넘는 하락을

보였던 글로벌 금융위기 때도 불과 고점 대비 몇 %의 하락을 보였을 뿐이다.

여하튼 이러한 이유로 주식편입비중 10% 미만의 공모주 펀드는 절대수익추구형으로 분류한다. 그만큼 투자시 원금 손실 위험은 매우 낮으며 다만 정기예금 금리 이상의 초과 수익 발생 여부는 공모주 시장의 흐름에 의해 좌우된다고 볼 수 있다.

그럼 투자 성패를 좌우하는 공모주 시장의 흐름은 어떨까? 2014년 삼성 SDS나 제일모직처럼 앞으로 대기업들이 3세로의 경영권 승계를 위한 자금 마련의 방안으로 보유 중인 우량 기업들을 상장하는 움직임도 꾸준할 것으로 보여 시장 전망은 향후로도 긍정적이다.

또한 2005년 1월에 설정되어 현재까지 운용된 스테디 셀러로서 우수한 성과를 꾸준히 내 온 만큼 이를 통해 운용사의 역량도 이미 검증되었다고 볼 수 있다. 기업공개시장에서의 높은 영향력과 주간사와의 네크워크를 바탕으로 다른 운용사에 비해 상대적인 경쟁우위를 확보하되 연간 40~50회의 공모주 분산투자를 통해 위험을 관리하고 있는 점도 인상적이다.

7. [인컴펀드]슈로더 아시안에셋인컴 증권자펀드 ★★★★

■ **개요 및 운용방식** : 아시아 지역의 고배당주와 고금리 채권에 분산투자하는 (해외)인컴펀드로서 총 4명의 금융전문가들로부터 추천을 받았다.

이 펀드의 운용방식은 아시아 주식과 고금리 채권, 현금성 자산 및 기타 자산들간에 적극적인 배분비중 조정을 통하여 안정적인 초과수익을 달성하는 전략을 사용한다. 이때 비중조정은 가치평가나 경제데이터 같은 정량적 요인을 바탕으로 경제국면을 판단한 후 그에 맞는 기준을 적용하는 식으로 실행한다.

하지만 전체적으로는 자산별 비중의 상·하한선을 두어 쏠림현상을 막고 균형잡힌 자산구성이 되도록 하는데 아시아 지역의 고배당 주식과 고수익 채권에는 펀드 자산의 30~70%를 상한 및 하한으로 각각 두고 유동성 자산에는

261

30% 이내를, 기타 자산에는 편입비중을 20% 이내로 제한 한다.

환율 변동위험의 경우 달러에 대해서는 100%까지 환헤 지를 하는 것을 원칙으로 하되 상황에 따라 유동적으로 적 용할 수 있게 하였다.

■ **성과분석 :** [그림 3-11]은 이 펀드의 설정일 이후 성과 추이를 나타내고 있다. 2012년 9월 7일 설정 이후 이 펀드 는 현재 24.5%의 누적수익률을 기록하였는데 연평균 수 익률은 9.12%에 달한다. 최근 2년간 표준편차는 5.57%, MDD는 -10.05%를 기록하였다.

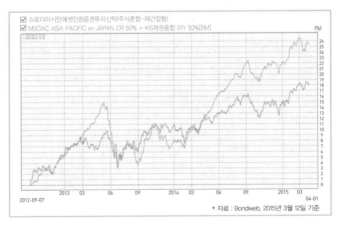

[그림 3-11] 슈로더아시안에셋인컴증권펀드의 역사적 성과

■ **특징 및 투자의견** : 인컴펀드의 장점은 높은 현금흐름에 따른 안정적인 수익성 확보와 분산투자에 따른 위험 감소 효과에 있다. 이 펀드의 과거 성과를 살펴보면 벤치마크는 물론이고 다른 인컴펀드와 비교할 때도 차별화된 성과를 보여주고 있다.

단, 2013년 초중반에 MDD가 꽤 높게 나타난 점이 전체적인 성과에서 옥의 티 역할을 하고 있다. 하지만 이는 바로 직전에 비정상적일 만큼 가격이 폭등한 데 따른 되돌림 현상으로 보이는 만큼 해당 운용사의 운용 능력을 폄하할 정도는 아니라고 판단된다.

아시아의 고배당주 및 고금리 채권 등 인컴형 자산 시장의 전망도 밝다. 앞서 본 것처럼 인컴형 자산의 투자수요는 여전히 풍부한 가운데 가장 큰 비중을 차지하는 중국(홍콩 포함) 자본시장의 대외개방과 금리 인하 등 경기부양으로 주식 및 채권가격이 상승하고 있으며 향후 전망도 밝기 때문이다.

이처럼 배당수익, 채권 이자를 노리는 안정적 인컴펀드의 투자수요가 지속적으로 늘어나는 만큼 차별화한 성과를 내기 위한 운용사의 역량 개발 및 자원 투입 등 노력도 지속될 것으로 판단된다.

> 💬 **금융 전문가들이 추천한 다른 인컴 펀드는?**
> - 피델리티글로벌배당인컴증권자펀드(주식-재간접) - ★★★★★★
>   인컴펀드 중 전문가들에게 최다추천을 받았으나 주식형으로서 중위험 중수익 펀드의 범주에서
>   벗어나는 점을 감안하여 중위험 중수익 TOP 8 펀드에는 제외하였음
> - JP모간글로벌멀티인컴증권자펀드(주식혼합-재간접) - ★★★
> - 알리안츠인컴앤그로스증권자펀드(주식혼합-재간접) - ★★

8. [ELF] 한국투자ELS지수연계솔루션증권펀드
[주식혼합-파생형] ★★★

■ **개요 및 운용방식 :** 이견은 있지만 ELS에 투자하는 펀드라는 차원에서 넓은 의미의 ELF라고 볼 수 있다. 총 3명의 금융전문가들로부터 추천을 받았다.

운용방식은 우선 20개의 ELS 가격을 산출해서 에프앤자산평가(FNP)에서 "FNP 2-Index 구조화지수"를 만들며 참고로 ELS는 3년만기 6개월 조기상환 구조의 스텝다운 투스타 노-녹인 형식구조이다. 이 중 기초자산이 유럽-중국증시인 ELS를 매 2주마다 하나씩 총 10개 편입하고 한국-중국증시와 한국-유럽증시인 ELS는 각각 매 4주마다 하나

씩 총 5개를 편입한다. 따라서 이 펀드에 투자하면 20개의 ELS에 분산투자하는 것과 매우 유사한 결과를 얻게 된다.

거래방식은 운용사인 한국투자신탁운용과 거래 상대방인 증권사가 이 지수의 가격이 변화할 때마다 그 차익을 주기적으로 서로 정산하는 형태이다. 예를 들어 ELS 가격이 올라서 해당 지수 가격도 상승하게 되면 특정 시점에서 운용사는 거래상대방으로부터 가격 상승(하락)분 만큼만 돈을 받게(주게) 되는 구조이다.

이 상품은 다양한 만기구조의 ELS에 분산투자함으로써 위험관리를 하고 있으며 여기에 더해 위험관리를 위해 ELS 투자비중은 투자자금의 50~100%까지 매니저의 판단에 따라 탄력적으로 조절할 수 있다. 비중 조절의 기준은 주가지수가 높을 때 줄이고 낮을 때 늘리는 방식이다. 정상적일 때는 60~80% 수준을 유지하는 것을 원칙으로 한다.

■ **성과분석 :** [그림 3-12]는 이 펀드의 설정일 이후 성과 추이를 나타내고 있다. 2014년 9월 24일 설정 이후 이 펀드는 5.76%의 누적수익률을 기록하고 있다. 최근 3개월간 표준편차는 8.32%, MDD는 −4.73%를 나타내고 있다.

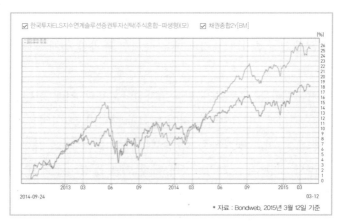

[그림 3-12] 한국투자ELS지수연계솔루션증권펀드의 역사적 성과

* 자료 : Bondweb, 2015년 3월 12일 기준

2014-09-24   03-12

■ **특징 및 투자의견 :** ELF를 투자할 때 가장 마음에 걸리
는 문제는 조기상환이 되지 않을 경우 자칫 돈이 묶일 수
있다는 점이다. 원금의 몇 %가 넘는 환매수수료를 물지 않
는 한 투자를 중단할 방법이 없기 때문에 최소 몇 년 이상
은 묻어 둘 수 있는 여유자금이 아닌 한 투자가 어려웠던
것이 사실이다.

하지만 이 펀드는 원하는 시기에 얼마든지 투자하고 펀
드 내의 ELS 조기상환 여부와 관계없이 언제든지 환매 가
능하다는 장점이 있다. 게다가 기존에는 불가능했던 소액

투자 및 월 적립식 투자가 가능해 졌다는 점도 눈여겨 볼 만 하다.

게다가 다른 ELF보다 거래 상대방 위험이 적어 위험관리시 유리하다. 통상 ELF 투자는 거래 상대방에게 투자자금이 한 번에 들어가므로 만약 상대방이 부도를 맞으면 돈을 크게 떼일 수 있다. 하지만 이 펀드에서는 원금을 놔 둔 채 거래 상대방과 수익/손실액만 정산하기 때문에 거래 상대방이 부도를 맞아도 손실 규모가 비교적 적게 된다.

> 🕔 금융 전문가들이 추천한 다른 ELF는?
> • 스텝다운 투스타 ELF 및 중국–한국–미국–유럽 지수형을 선호
> • 녹인(Knock in)보다는 노–녹인(No Knock in) 구조를 선호

중위험 중수익 펀드투자
두 배 잘 활용하기

중위험 중수익 펀드투자
두 배 잘 활용하기

 날씨도 낮 들어서 조금씩 더워지던 2014년의 6월, 전세계는 브라질 월드컵의 열기에 휩싸였다. 대한민국도 지난 남아공 월드컵에 이어 재차 원정 16강 재현 및 8강 신화에 대한 기대감으로 잔뜩 부풀었지만 6월 10일 가나와의 최종 평가전에서 패한 이후 기대감이 한 풀 꺾였다.

 두 번째 수업을 듣기 위해 지하철을 기다리던 준형과 재현은 가판대에 진열된 신문을 보았다. 앞 줄의 스포츠 신문은 바로 전날 가나와의 최종 평가전에서 대한민국이 패한 데 대한 보도와 전문가들의 원인분석을 1면으로 실었다. 지하철 안에서도, 그리고 수업을 기다리는 교육장 안에서도 삼삼오오 모인 사람들은 대부분 어제 본 축구 이야기를 하면서 기대와 우려가 섞인 의견을 내놓았다.

드디어 수업이 시작되는 벨 소리와 더불어 새로운 강사가 연단에 올라왔다.

"안녕하세요, 오늘 이렇게 여러분들을 만나 뵈어서 반갑습니다. 저는 MH은행에서 상품개발업무를 맡고 있는 조주형 차장이라고 합니다. 오늘은 지난 시간에 배웠던 중위험 중수익 펀드를 어떻게 골라 투자하면 좋을지를 알아보도록 하겠습니다. 우선 그 전에 최근 시중에 가장 큰 이슈는 무엇일까요?"

"월드컵이요."

"맞아요. 아마 브라질 월드컵의 열기만큼이나 엔트리 11명을 선발하고 배치해야 하는 각국 대표팀 감독들의 고민도 깊을 겁니다. 그런데 축구경기를 보면 최고의 선수들이 많아야 최고의 성과가 나는 것은 아니죠. 공격수, 미드필더, 수비수 등 포지션 별로 적합한 장점을 가진 선수들을 잘 배치한 후 꾸준한 훈련이 뒷받침된 평범한 팀이 의외의 성과를 내는 경우도 많습니다."

"분명 팀내 선수들은 각자의 장단점이 있죠. 지구력과 스피드가 좋은 선수, 슈팅 하나는 기가 막히는 선수, 풍부한 경험으로 상대의 움직임을 읽는 능력이 탁월한 선수도 있습니다. 감독은 이들 개개인마다 장단점을 잘 파악한 다음 이를 최대한 살릴 수 있는 포지션에 적절히 배치해서 전력을 '최적화' 시켜야 하죠. 2002년 히딩크 감독이 이끌던 한국 대표팀처럼 말입니다."

"이제 여러분들도 지난 번에 봤듯이 투자대상과 방법이 다양한 펀드들을 상황에 따라 유리할 때와 불리할 때를 잘 알아두고 대비하면 좀 더 좋은 성과를 내는 데 도움이 될 것입니다. 지금부터는 거기에 대해 알아 보도록 하겠습니다." 그렇게 4시간 정도 조 차장의 강의는 지속되었다. 그가 강의한 주요 내용들을 요약해서 정리하면 아래와 같았다.

1 중위험 중수익 펀드 유형별 투자 적기

좋은 중위험 중수익 펀드를 골랐다면 그 중 어떤 것을 투자하더라도 안정적이고 양호한 초과성과를 내겠지만 유형별로 특성이 다양하기 때문에 경기나 금융환경에 따라 어느 정도의 성과 차이는 날 수밖에 없다. 마치 축구에서 국가대표급 선수라면 어느 포지션에서도 평균 이상의 활약을 하겠지만 그래도 누구는 수비에 강한 반면 다른 누구는 슈팅에 더 탁월한 재능을 보이는 것처럼 말이다.

따라서 환경에 따라 투자에 상대적으로 유리한 중위험 중수익 펀드와 그렇지 않은 펀드를 유형별로 구분해 두면 좀 더 나은 성과를 위해 펀드를 선별하고 포트폴리오를 관리하는 데 도움이 될 것이다. 예를 들어 A라는 중위험 중수익 펀드가 현재 증시나 경제 환경에서 투자에 유리한지 아니면 불리한지를 알면 사전에 투자비중을 조절할 수 있다.

또한 우수한 펀드들을 몇 개 선정한 다음 분산투자하는 식의 포트폴리오 관리에도 유용하다. 환경에 따라 성과가 각양각색인 펀드들끼리 섞어 두면 분산투자효과를 높여 더욱 안정적인 투자가 가능하기 때문이다. 그럼 경기와 금리, 그리고 주식시장의 흐름를 나누어 보고 그에 맞는 펀드를 유형별로 구분해 보자.

1) 경기가 지속적으로 좋아질 때
  : 주식혼합형/메자닌/해외(고금리)채권형 펀드

경기가 좋아지면 기업들의 실적도 좋아지면서 주가가 상승하게 된다. 물론 시간이 지나면서 주식 가격이 다소 비싸 보일 수도 있지만 기업실적도 같이 좋아지는 한 문제될 것은 없다. 다만 물가 불안을 잡기 위해 정부가 정책금리를 인상하거나 시중에 풀어놓은 돈을 거둬들여 시중금리가 다소 상승하는 점은 부담스러운 점이다.

또한 전환사채 같은 주식관련사채도 가격이 상승하는데 이유는 주가 상승으로 인해 전환권의 가치도 높아지기 때문이다. 고금리 채권의 가격도 시중금리 상승에 따른 가격 하락요인보다는 부도율이 떨어지면서 신용도가 개선되는 폭이 더욱 부각되면서 역사적으로 상승을 지속하는 모습을 많이 보여 왔다. 반면 안전자산인 국공채 등 우량채권의 투자수익률은 시중금리 상승으로 낮아진다.

따라서 이때는 주식 비중이 더 높은 주식−채권간 혼합형 펀드, 해당 국가나 지역에 투자하는 메자닌 펀드, 그리고 고금리 채권형 펀드가 상대적으로 유망하다. 특히 메자닌 펀드의 경우 경기 활황이 지속되면서 주가의 추가상승 기대 만큼이나 고평가에 따른 조정 우려도 커질 경우 투자 매력은 더욱 높아진다.

예를 들어 2014년에는 미국 증시가 기업이익 개선으로 꽤 양호한 성과를 보였고 앞으로도 추가 상승에 대한 기대감이 높지만 한편에서는 고평가 논란으로 단기 조정을 우려하는 목소리가 높았다. 그런데 바로 이런 상황이야 말로 메자닌 펀드의 매력이 가장 높은 시기라고 할 수 있다.

2) 정부가 돈줄을 죄면서 경기가 차츰 둔화될 때
: 공모주 펀드/스텝다운투스타 ELF

경기는 아직 좋지만 상승세가 꺾이고 정부가 물가불안을 막기 위해 긴축정책 등을 통해 돈줄을 죄면 주가는 다소 불안한 모습을 보인다. 하지만 여전히 투자자들은 직전까지 높았던 투자수익이 잔상에 남아 있어 고수익에 대한 기대감이 쉽게 사라지진 않는다. 여기에 긍정적인 전망과 부정적인 전망이 엇갈리면서 주가는 다소 불안한 모습을 보인다.

이럴 때는 공모주 펀드의 투자매력이 상대적으로 부각된다. 기존에 주가 수준이 높았던 만큼 공모가격을 높일 수 있어서 물량공급 여건도 양호한데다가 이미 고수익을 경험한 투자자들의 자금이 몰려서 향후 시세차익 가능성은 여전히 높은 경향을 보이기 때문이다.

스텝다운 투스타 구조의 ELF(주가연계펀드)도 주가 상
승과 더불어 단기 조정에 대한 우려가 높을 때 좋은 대안
이 된다. 하지만 이 또한 큰 폭의 주가 하락시 손실을 피하
기 어려우므로 수익률이 좀 낮더라도 기초자산은 가급적
선진국 또는 저평가된 신흥국 주가지수로 하고 구조도 노
녹인(No-Knock In) 형으로 선택하는 것이 좋다.

3) 경기 불황이 점차 심해질 때
: 롱-숏/채권혼합형/멀티에셋 펀드

경기가 불황으로 접어들면 주가는 떨어진다. 예상보다 기
업실적이 저조하게 나타나지만 초기에는 물가불안을 우려
한 정부가 시중의 돈줄을 죄는 기존 정책을 당분간 유지하
게 된다. 하지만 시간이 지날수록 과잉투자 후유증으로 기
업 부도율이 증가하고 재고가 쌓여 경기불황이 더욱 심해
지면 정부는 오히려 돈을 푸는 식으로 정책을 바꾸게 된다.

이때 상황이 심각해 지면 주식이나 고금리 채권 등 위험
자산은 옥석 구분 없이 전반적으로 가격이 하락한다. 단기

공포 국면에서 투자자들이 심리적 불안감에 싸이거나 기관투자자들이 주식 투자비중을 줄이기 위해 매입한 주식들을 한꺼번에 시장에 내놓다 보니 생기는 현상이다. 반면 우량채권 등 안전자산은 투자수요가 점차 늘어나고 가격이 상승한다.

따라서 이런 국면에는 롱-숏 펀드가 상대적으로 나은 모습을 보일 수 있다. 앞서 본 것처럼 주가가 다 같이 떨어지더라도 좋은 주식은 그렇지 않은 주식보다 상대적으로 덜 떨어지는 경향을 보이는 만큼 종목 묶음을 잘만 선택하면 오히려 이럴 때 수익을 낼 수도 있기 때문이다.

자산배분형 펀드 중 채권 편입비중이 높은 채권혼합형 펀드도 상대적으로 양호한 흐름을 보인다. 주식 비중이 낮아 시장의 악영향을 덜 받는 반면 주된 투자대상인 채권은 수요가 차츰 몰리면서 가격이 올라가기 때문이다. 글로벌 멀티에셋펀드 또한 과거 운용성과가 검증되었다면 선택할 만하다.

4) 정부가 돈을 풀면서 경기가 차츰 회복될 때
: 채권혼합형/해외 (고금리)채권형/인컴펀드

경기침체가 한창 진행되고 나면 통상 시중금리가 내려가게 된다. 이유는 민간의 가계나 기업들이 투자를 꺼려 돈을 덜 빌리기도 하지만 경기를 방어하기 위해 정부가 정책금리를 인위적으로 내리는 등 돈을 풀기 때문이다.

이때 떨어질 대로 떨어져서 바닥을 찍은 해당국가나 지역의 주식과 고금리 채권 가격은 다시 상승할 가능성이 높다. 시중에 돈이 풀리고 부도 위험이 낮아지면서 이들에 대한 수요가 다시 늘어나기 때문이다. 즉 고수익을 노리는 자금들이 위험을 무릅쓰고 이런 자산으로 서서히 유입된다.

이런 이유로 해당지역의 해외 고금리 채권형 펀드나 인컴펀드는 이때 투자 매력이 상대적으로 높다고 볼 수 있다. 여기에 금리가 낮아지는 것 또한 이들 펀드 투자에 유리한데 원래 이자나 배당을 많이 주는 주식과 채권에 투자하는 이들 펀드는 정기예금 금리가 낮을수록 아무래도 인기가 상대적으로 높아지기 때문이다.

또한 주식 편입비중이 낮은 채권혼합형 펀드도 투자하기에 가장 이상적인 환경을 맞게 된다. 주식은 물론이고 이때 시중금리 하락으로 채권가격까지 같이 상승하면서 가장 좋은 흐름을 보이게 되기 때문이다.

5) 방향성 없이 주가가 등락을 반복할 때
- 등락폭이 좁으면 롱－숏/커버드콜 펀드/스텝다운 투스타 ELF
- 등락폭이 넓으면 적극적 자산배분형 펀드

앞서 본 4가지 상황은 경제의 흐름과 주식시장의 방향성이 어느 정도 뚜렷한 경우를 말한다. 하지만 실제로는 경제나 주식시장의 방향성이 모호한 경우가 많다. 예를 들어 1970년대처럼 경기가 불황을 겪고 있지만 물가불안 때문에 정부가 돈줄을 죄거나 과거 일본처럼 시중에 돈을 장기간 풀어도 경기가 도통 살아나지 않는 경우가 그것이다.

우리나라도 다양한 경기 부양책을 쓰곤 있지만 최근 몇 년간 기업실적이 제자리 수준에 머무르면서 주가가 위－아래로 특정한 방향성 없이 등락을 반복하고 있다. 그럼 과연 이런 역사적 상단 및 하단 내에서 등락을 반복하는 소위 박스권 장세에서는 과연 어떤 펀드들의 수익성이 상대적으로 좋을까?

우선 상－하단 폭이 10% 미만의 좁은 범위에서 횡보를 할 경우에는 롱－숏 펀드가 좋아 보인다. 등락장세면서 박스권이 좁은 경우는 어떤 상품도 만족할 만한 수익을 낼 수 없는데 이런 경우는 철저하게 종목 위주로 접근하면서 오르는 주식과 떨어지는 주식 모두에서 수익을 조금씩 실현하는 롱-숏 전략이 적합하기 때문이다.

실제로 2013년부터 2014년 초반까지 '좁은 박스권에서의 등락장세'에서 롱-숏 펀드는 10% 전후의 연 수익률만으로도 당시 최고의 펀드가 될 수 있었다.

커버드콜 펀드도 롱-숏 펀드처럼 좁은 박스권내에서 증시가 완만한 상승을 보일 때 더욱 부각된다. 단 통상 콜옵션의 주식 매수(행사)가격을 최초 주가보다 4~5% 높게 잡아두는 만큼 이 안에서의 강보합세는 주가상승과 콜옵션 판매수입을 동시에 올릴 수 있어 가장 좋다. 마지막으로 스텝다운 투스타 ELF도 조기상환기회가 늘어나기 때문에 이러한 상황에서 투자하기 좋은 펀드라고 하겠다.

반면 상-하단 폭이 15% 이상으로 넓은 경우 저가 매수-고가 매도를 반복하는 적극적 자산배분형 펀드가 나름대로 유리해 보인다.

대부분 쌀 때 사서 비싸지거나 또는 목표 수익률에 도달

했을 때 파는 형태로 운용하다보니 다른 펀드들보다 수익을 내는 기회가 더 많아지기 때문이다.

2 저위험 중수익을 가능하게 하는 중위험 중수익 펀드 포트폴리오 투자

구슬이 서말이라도 꿰어야 보배라는 말이 있다. 1개만 놓고 볼 땐 별 값어치가 없는 투박한 구슬도 여러 개를 줄로 꿰면 예쁜 목걸이가 되어 구슬 각각의 값을 합한 것보다 그 가치가 크게 높아진다는 말이다.

투자의 세계에서 보배는 수익성도 양호하면서 가급적이면 위험이 적은 것이 아닐까? 하지만 수익성이 크면 클수록 감수해야 하는 위험도 덩달아 커진다. 달리 표현하면 위험을 줄이려면 어느 정도 수익성을 희생하지 않고는 달리 방법이 없다는 말도 된다.

하지만 투자에서 이것을 가능하게 하는 가장 확실하면서도 손쉬운 대안이 딱 하나 있는데 바로 여러 개의 펀드로 포트폴리오를 짜는 것이다. 섞으면 수익률은 평준화되지만 위험은 분산투자효과로 인해 평균보다 더 줄어든다는 것을 2부 5. 자산배분형 펀드에서 언급하였다.

중위험 중수익 펀드도 마찬가지로 여러 개로 포트폴리오를 짜게 되면 기존에는 없었던 저위험 중수익 구조의 더욱 안전하고 수익성 양호한 투자가 가능해 진다. 이때 장기적으로 상승하면서도 단기적으로는 서로 다른 움직임을 보이는 펀드들끼리 섞을수록 위험도 더 많이 줄어들게 된다.

따라서 이런 저위험 중수익 펀드 포트폴리오를 만들 위해서는 우선은 앞서 본 주된 유형별로 우수한 성과를 낸 펀드들을 하나 또는 둘 정도 골라낼 필요가 있다. 이때 좋은 중위험 중수익 펀드를 고르는 요령은 3장에서 설명한 바 있다.

좋은 펀드를 골랐으면 앞서 본 것처럼 서로 다른 국면에서 상대적으로 양호한 움직임을 보이는 펀드들끼리 섞으면 좋다. 예를 들어 경기 활황국면에 유리한 메자닌 펀드와 침체국면에 유리한 롱-숏펀드, 그리고 회복국면에 유리한 인컴펀드를 적절히 섞는 것처럼 말이다.

여기에 국내펀드와 해외펀드도 구분해서 적절히 섞어주면 분산투자효과가 더욱 커지게 된다.

이때 포트폴리오에 선정된 중위험 중수익 펀드의 개수는 투자금의 규모에 따라 다소 달라질 수 있으나 최소 3개 이상, 그리고 5개까지는 가지고 가는 것이 좋다. 물론 많이 섞으면 섞을수록 변동성 위험이 줄어들겠지만 관리가 어렵다. 덧붙여 ELF처럼 만기가 길고 유동성이 낮은 펀드라면 투자 비중은 가급적 총 자금의 1/4 미만으로 하는 것이 좋다.

그럼 지금부터 중위험 중수익 펀드로 포트폴리오를 짰을 때 성과가 얼마나 안정적으로 나오는지, 과연 앞서 말한 저위험 중수익 구조라고 할 만한지 실제 사례를 통해 살펴보도록 하자.

이를 위해 먼저 앞서 3장-8에서 금융 전문가들에게 1표 이상 추천을 받은 중위험 중수익 펀드 중 유형별 특성이 서로 다른 5개를 뽑았다. [표 4-1]의 A펀드는 커버드콜 펀드, B펀드는 메자닌 펀드, C펀드는 채권 혼합형, D펀드는 인컴펀드, E펀드는 공모주펀드이며 그래프는 이들의 최근 3년간 성과를 나타낸 것이다. 만약 출시된지 3년이 채 안 되는 경우에는 출시 시점부터 3월 31일 현재까지의 성과만으로 분석했다.

[표 4-1] A ~ E펀드들의 최근 3년간 성과(수익률 및 위험지표)

항목	A펀드 (커버드콜)	B펀드 (메자닌)	C펀드 (채권혼합)	D펀드 (인컴)	E펀드 (공모주)
연수익률	11.19%	9.95%	7.19%	9.30%	5.24%
연 표준편차	7.06%	5.25%	2.91%	4.60%	0.85%
MDD	−8.47%	−6.07%	−3.84%	−10.05%	−0.36%

* 자료 : Bondweb

표를 살펴보면 A~E펀드 모두 5.2%에서 11.2% 사이의 양호한 수익률을 보여주고 있으며 표준편차와 MDD 등 변동성 위험지표도 꽤 안정적인 모습을 보여주고 있어 개별적으로도 투자하기에 나쁘지 않은 편이다.

그런데 연 7% 이상의 수익을 내려면 감수해야 하는 변동성이 점차 커지는 것을 느낄 수 있다. 예를 들어 커버드콜 전략을 쓰는 A펀드는 연 수익률이 11.2%로 가장 높지만 연 표준편차도 7.1%로 가장 높은 수준을 보였다. 거기에 MDD 또한 −8.5%로 꽤 크게 나타났다.

인컴펀드인 D펀드는 2013년 6월 당시 벤 버냉키 미 연준의장이 양적완화 축소를 처음 언급하면서 아시아 지역의 주식 채권가격이 동시에 폭락하자 무려 −10%가 넘는 MDD를 기록하기도 했다. 물론 그 이후 전체적으로는 연

9.3%의 수익률과 4.6%의 표준편차를 보이는 등 양호한 모습을 보였지만 말이다.

이처럼 전체적으로 보여 준 양호한 수익률에도 불구하고 높은 수익을 낸 중위험 중수익 펀드들은 상대적으로 높은 변동성을 보였는데 펀드투자를 좀 더 편하게 하려면 이런 변동성을 줄일 필요가 있다. [그림 4-1]은 이들 펀드들의 최근 3년간 성과를 그래프로 나타내고 있다.

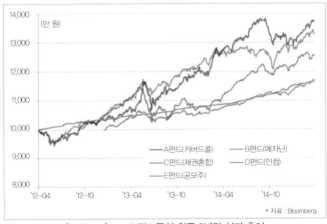

[그림 4-1] A~E 펀드들의 최근 3년간 성과 추이

그럼 이번에는 이들 5개 펀드들에 자금의 20%씩을 섞어 만든 펀드 포트폴리오의 성과를 보자. [그림 4-2]는 이들

5개 펀드로 구성한 포트폴리오의 최근 3년간 성과를 나타
내고 있는데 예상대로 성과가 훨씬 안정적으로 나오고 있
음을 눈으로 확인할 수 있다.

우선 수익률은 5개 펀드의 평균인 연 8.2%를 기록했다.
주목해야 할 부분은 위험지표인 표준편차가 2.28%로 크게
낮아졌다는 점이다. 실제 눈으로 보더라도 남색 선인 포트
폴리오는 공모주 펀드를 제외한 다른 어떤 펀드들보다도 안
정적인 모습을 보이고 있다.

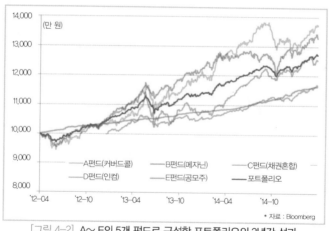

[그림 4-2] A~ E의 5개 펀드로 구성한 포트폴리오의 3년간 성과

다만 MDD는 2013년 6월에 −5%까지 커지기도 했는

데 금방 다시 안정적인 모습을 보여주었고 다음 해인 2014
년 10월, 수익률이 높았던 중위험 중수익 펀드들 중 다수
가 큰 폭의 하락세를 보일 때도 이 포트폴리오는 하락폭을
−3%내외로 줄이는 등 안정적인 모습을 보였다.

이처럼 양호한 성과를 보이되 단기적으로는 서로 다른
움직임을 보이는 펀드들로 포트폴리오를 짜면 더욱 안정적
이고 편안한 투자를 할 수 있다. 따라서 가급적 펀드 포트
폴리오는 무조건 짜는 것이 좋다.

3 재현, 회사 구조조정으로 위기를 맞다

2014년 7월 16일 오
전 8시 40분, 지하철 역을 빠져나온 재현은 헉헉대며 회사
건물로 달려갔다. 매주 수요일마다 있는 부서 주간회의에
늦었기 때문이다. 평소에는 업무시간 30분 전에 칼같이 자
리에 도착하는 그였는데 어제 회사 동기들과 과음을 하다
보니 하필 오늘 같은 날 지각을 하게 된 것이다.

최근 6개월간 CRM(고객관계마케팅) 시스템 개선 프로젝
트로 주중에는 11시 이전에 퇴근해 본 적이 없었고 주말도

반 이상을 출근하는 강행군을 하면서 개인적으로 스트레스가 많이 쌓였다. 게다가 요즘 업무 처리로 이견이 생기면서 권부장과의 관계도 조금 껄끄러워진 상태이다보니 기분이 더욱 찜찜했다.

회의시작 후 15분 정도 늦은 8시 45분에야 가까스로 회의실에 도착한 재현이 문을 열고 '죄송하다'며 인사를 건네자 권부장이 의미심장한 말을 던졌다.

"아무래도 박과장은 출퇴근이 좀 어려운 모양이네. 혹시 집 가까운 점포로 발령이 필요하면 언제든지 편하게 말해요."

이후 회의는 1시간 정도 계속되었다. 하지만 가뜩이나 뛰어온다고 숨이 턱밑까지 차오르는 가운데 가시방석 같은 분위기 속에서 회의 내용이 귀에 들어올 리가 없었다. 그가 숨을 고르며 휴지로 땀을 닦을 때마다 권부장의 불편한 눈초리가 여지없이 날아들었다.

1시간 후 회의가 끝나고 자리로 들어가려던 재현을 권부장이 불렀다.

"박과장, CRM 개선 프로젝트 진행한다고 그 동안 고생 많았어요. 그런데 최근 본사 인력운용을 전문화 및 효율화 하라는 회장님 지시가 있었어요. 해서 우리 부서도 지금 하는 프로젝트의 운영과 성과 관리를 이번에 새로 전입 온 임현재 과장이 맡을 예정이니 그렇게 알고 인수인계 해 줘요. 일단 임과장이 경영정보학을 전공했고 인사부 시절 관리 시스템 운영 경험도 있으니까."

"네?"

재현은 갑자기 망치로 머리를 한 대 세게 얻어맞은 듯한 느낌이 들었다. 이 부서에 온 지 1년도 채 안 되었지만 그동안 시스템 개발 중에 내부 보안감사니 뭐니 다양한 일들이 터지면서 최근 6개월 동안 갖은 고생을 다 했던 그가 아닌가. 그래도 프로젝트가 끝나고 나면 성과도 인정받고 고생한 보람도 있을 거라고 생각했는데….

그러고 보니 임현재 과장은 권부장의 학교 후배였다. 인사부 시절에도 권부장과 같이 근무한 적이 있었던 만큼 순간 아무리 생각해 봐도 이건 임과장을 챙겨주기 위한 권부장의 꼼수가 분명해 보였다. 여기까지 생각한 임과장은 갑자기 분노가 머리 끝까지 치미는 것을 느꼈다.

"앞으로 그럼 저는 뭘 하라는 말씀입니까?"

갑자기 따지듯 언성을 높이는 재현의 말에 살짝 당황한

권부장이 말을 돌렸다.

"거 뭐 박과장은… 한 달 정도 인수인계가 끝나면 신 CRM 시스템 현장 교육업무를 맡길 예정이에요. 아무래도 시스템은 그 동안 만들어 놓은 당신이 제일 잘 알 테니까. 다음 달부터는 그 쪽으로 수고를 좀 해 줘요."

"부장님, 아무리 생각해도 이건 너무 하신 것 같아요. 지금까지 그 일은 제가 다 해 왔던 건데… 이제 런칭까지 보름도 안 남았는데 이렇게 되면 전 고생만 하고 모든 성과는 임과장에게로 돌아가는 거 아닌가요?"

귓볼까지 벌개지면서 화를 내는 재현을 본 권부장이 갑자기 정색을 하며 말했다.

"어허 이 사람 무슨 말을 그렇게 섭섭하게 하나? 이 시스템이 그리고 어디 당신 혼자 만든거야? 우리 부서원 몇 명이 TF로 투입되었는지 잘 알면서 그런 이기적인 소리를 해? 그리고 내가 아까 회장님 지시사항이라고 했지?"

"…"

"더 할 말 없으면 그렇게 알고 나가 봐!"

그는 갑자기 머리가 복잡해졌다. 어제만 해도 이제 프로젝트만 끝나면 앞으로는 고생한 데 대한 보상만 받을 일이 남았고 그러면 재현의 입지도 더 단단해 질 거라는 동료들의 말을 듣고 기분이 좋았었다. 하지만 결과는 전혀 엉뚱하게 흘러가 버렸고 오히려 지금 일로 가뜩이나 불편했던 권부장과의 관계만 악화된 셈이었다.

게다가 얼마 전 본사 인력운용 효율화 차원에서 현재 본사 근무직원 중 20%는 점포 영업지원 및 관리 인력으로 보내라는 회장의 지시사항이 공고되기도 했다. 8월 휴가철 끝나고 단행될 가능성이 높은데 자칫 보복성 인사의 표적이 될 가능성도 높았다. 그는 답답한 마음에 시스템 전산팀의 정찬영 차장과 커피를 들고 회사 밖으로 나왔다.

"아니 형님, 이게 말이 됩니까, 맨 처음에 이 일을 맡길 때만 해도 고생한 만큼 보상을 해 주겠다는 둥 사탕발림을 늘어놓던 인간이 고생해서 겨우 다 만들어 놓고 나니까 안면 싹 바꾸고는 자기 똘마니 챙겨준다고 날 보고 손 떼라는게 말이 되냐구요."

"거 정말 너무하긴 하네, 내가 박과장이라도 열 받는게 당연할 거 같아요. 하지만 너무 흥분하진 말아요. 원래 세상 인심이 그런 거 아니겠어요."

"에이, 그 놈의 인심 정말 고약하기만 하네요. 진짜 확 받아버릴까?"

"박과장, 내가 충고 하나 할게요. 억울한 건 알지만 그래 봐야 좋을 거 하나도 없어요. 인사부에 아직도 권부장 인맥이 쫙 깔려 있는 거 알죠? 어차피 이제 부서 내에서 딴 일을 맡거나 아니면 다른 곳으로 전출을 가게 될 텐데 그때 불이익 받으면 더 골치 아플 거에요."

어제 먹은 술이 빠지지 않고 있다가 한꺼번에 머리를 때리는 것 같았다. 재현은 답답한 심정을 견딜 수 없었는지 회사결제시스템에 접속해서 반월차를 신청한 다음 권부장을 찾아갔다.

휴가를 냈다는 재현의 말에 권부장의 얼굴이 싸늘해지더니만 쏘아붙이듯 말을 던졌다.

"왜? 아까 내가 그 말 했다고 지금 기분 나빠 이러는 건가?"

재현이 아무 말도 없자 권부장이 그를 다시 한 번 쏘아보고는 고개를 돌리고 '휴가 처리했으니까 가보라'는 식으로 나가라는 손짓을 했다. 그런 권부장을 보며 재현은 당장이라도 끌고 나가서 '이 의리도 없는 야비한 놈아!'라며 주먹이라도 한 대 먹이고 싶은 충동을 느꼈다.

초저녁도 되지 않아 집에 도착한 재현을 본 아내 미숙이 살짝 놀란 듯 그를 쳐다보며 말했다.

"연락도 없이 웬일이래, 오늘 왜 이렇게 일찍 들어왔어요?"

"왜? 회사에서 잘렸을까봐 겁나? 그냥 반월차 냈어. 너무 힘들어서…"

재현의 대꾸에서 날카로워진 그의 심중이 그대로 드러났다. 미숙은 살짝 당황했다.

"당신은, 무슨 말을 그렇게 해요? 회사에서 무슨 일이라도 있었어요?"

"…아냐 그냥 몸이 좀 힘들어서 그래. 이불이나 꺼내 줘, 눈 좀 붙이게."

재현은 더 말을 이어가면 싸움만 날 것 같은 느낌에 말을 끊고 침대에 누워 잠을 청했다. 너무 피곤해서였을까, 눈을 감고 있으니 흥분되던 마음이 차츰 가라앉으면서 잠의 나락에 스르르 빠지는 느낌이 들었다.

재현이 잠시 감았던 눈을 뜨자 옆에 한 사내가 서 있었다. 그 사내가 손으로 가리키는 쪽으로 고개를 돌리자 그의 눈 앞에서 정든 아파트를 팔고 작은 빌라로 이사를 하는 가족들의 모습이 보였다. 울고 있는 둘째 딸에게 아내가 "아빠는 안 계시지만 엄마가 어떻게 해서도 너희들 대학교는 꼭 보내 줄거야. 그러니 열심히 공부해야 해. 알았지?"라며 어깨를 토닥거렸다.

놀란 그에게 옆의 사내가 나즈막한 목소리로 상황을 설명했다.

"지금 당신은 올해 회사에서 해고 당하고 2년 후에 일하던 공사장에서 사고로 죽게 되죠. 그리고 지금 당신의 가족들은 빚을 갚기 위해 집을 팔고 월세집으로 이사를 하는 중입니다."

그때 갑자기 광경이 바뀌었다. 이번에는 고등학생이 된 아들과 딸이 학교에서 돌아오자 마자 옷을 갈아입고 편의점으로 아르바이트를 하기 위해 부지런히 서두르는 중, 집주인이 몸져 누워있는 아내를 다그치는 소리가 들렸다.

"아니 사정은 알지만 한 두 달도 아니고 이젠 월세를 줘야죠. 이번 달에도 안 되면 우리도 딱하지만 방 빼달라고 할 수밖에 없어요."

그 광경을 본 재현은 머리를 싸매면서 "안 돼!"하고 소리를 질렀다. 그 소리가 울림이 되어 강하게 귓가를 때리자 깜짝 놀란 재현이 다시 눈을 크게 뜨고 주위를 둘러보았다. 그러자 침대에 누워 있는 그의 눈 앞에 익숙한 침실의 천장이 보였다. 꿈을 꾼 것이었다.

재현이 시계를 보니 밤 10시를 가리키고 있었다. 오후 4시쯤 자리에 누웠으니 무려 6시간이나 잔 것이다. 방안에서 재현이 지른 소리를 들은 아내가 걱정스런 표정으로 그에게 말을 걸었다.

"당신 아까 땀까지 흘리면서 자길래 걱정했는데 몸은 좀 괜찮아요? 저녁 먹을래요?"

"애들은?"

"일찍 재웠어요. 아빠 찾길래 주무시니까 방해하지 말라고 했구요."

재현이 식탁에 있는 찌개를 한 술 뜨려는 순간 TV의 다큐멘터리 프로그램이 눈길을 끌었다.

"저건 뭐야?"

"아, 실직한 남편이 죽고 저 아줌마 혼자 애들 키우는 사연인데 너무 불쌍하네요."

내용은 이랬다. 변호사 사무실에 근무하는 김현숙씨(가명, 43세)의 현재 연봉은 1,600만원, 이것저것 떼고 남은 월 100만원 가량으로 그녀는 초등학생인 아들과 어렵게 살고 있다. 외환위기 이전만 해도 현숙씨의 가정은 꽤 단란한 중산층이었지만 은행원이었던 남편이 외환위기로 명예퇴직을 당한 후 상황이 달라진 것이다.

첫번째 시련은 명예퇴직금으로 시작한 프랜차이즈 치킨 호프집은 2년만에 자본의 80%를 날린 채 문을 닫아야 했던 것이다. 본사의 말만 믿고 준비 없이 뛰어든 게 화근이었다. 이후 살던 아파트를 담보로 돈을 빌려 잡화점과 인터넷 쇼핑사업에 뛰어들었지만 모두 실패로 돌아갔다. 다시 취직을 하려고 애써봤지만 2003년 카드사태로 경기가 다시 얼어붙자 이마저 여의치 않았다.

결국 2004년 어느 날 남편은 마포대교에서 투신자살했고 현숙씨는 두 아이와 먹고 살기 위해 생활전선으로 뛰어나가야 했다. 여기저기 수소문한 끝에 어렵게 지금의 개인 변호사 사무실에 채용되었지만 워낙 박봉으로 방세와 부식거리를 사면 남는 돈이 없다.

하루는 길을 걷다가 아들이 가게에서 나는 삼겹살 냄새를 맡고는 "엄마 고기 먹고 싶어, 사줘."하며 울며 떼를 쓰기 시작했다. 하지만 돈은 이미 떨어진 상황, 현숙씨는 굳은 표정으로 말없이 아들의 손을 끌고 집으로 향할 수밖에 없었다.

순간 현숙씨의 얼굴에 눈물이 주르륵 흘렀다. "한참 클 나이인데 저 냄새 맡고 얼마나 먹고 싶겠어요. 엄마가 되어서 애들 돼지고기 한번 편하게 못 먹이는 제 심정이 어떤지는 아무도 모를 거예요."

가뜩이나 아까 꿨던 악몽 때문에 마음이 심란해 진 재현은 TV를 보면서 더욱 괴로운 생각이 들었다. 그는 밥을 먹다 말고는 다시 방 안으로 들어가서 잠을 청했다. 아까와 달리 오지 않은 잠을 억지로 청하면서 새벽까지 고생을 했다.

다음 날, 재현은 권부장을 만나 사과하고 업무 인수인계에 들어갔다. 한 달 후인 8월 15일 오전, 회사의 신(新) CRM시스템 오픈과 더불어 사내 방송에 권부장과 임과장이 인터뷰 하는 모습이 나왔다. 그리고 몇 시간 후, 재현은 본사 인력효율화 방침에 의한 매장관리인력 전환대상자 명단에 자신의 이름이 올라와 있는 것을 확인했다.

이미 각오는 한 일이었지만 그래도 가급적 집 근처로 발령을 내 달라는 전출 희망서를 썼다. 하지만 며칠 후 전출지로 지정된 곳은 다름 아닌 전주, 연고지도 아니고 실적도 좋지 않은 이 곳으로 발령 난 것을 보고는 재현은 권부장의 보복성 인사라는 확신이 들었다. 하지만 당장 어린 아이들과 아내를 생각하면서 이를 악물고 참을 수밖에 없었다.

4 실연당한 득권

2014년 8월 9일 저녁, 신촌역으로 향하는 득권의 마음은 불편하기 그지 없었다. 1주일전부터 만나자는 득권의 여자친구 황혜정(35)이 오늘도 결혼 이야기를 꺼내며 재촉할 것이 분명했기 때문이다. 그 동안 회사 업무 핑계를 대며 차일피일 미뤄 왔지만 왠지 오늘도 펑크를 내면 크게 화를 낼 것 같아서 약속장소로 갔다.

약속장소인 신촌오거리 옆의 까페 2층에서는 그녀가 이미 차를 마시며 먼저 기다리고 있었다. 계단을 올라가서 그녀를 찾은 득권은 자리에 앉아서 인사를 했지만 그녀의 냉랭한 표정에서 뭔가 상황이 안 좋게 흘러가고 있다는 것을 감지했다. 잠시 동안의 어색한 침묵을 깨고 혜정이 먼저 말을 꺼내었다.

"솔직히 이런 이야기는 오빠가 먼저 해 줄 줄 알았어. 물론 오빠가 바쁘다는 것도 알고 요새 뭔가 모르지만 고민이 많다는 것도 알아. 하지만 나도 아빠랑 엄마가 계속 이야기

하시는데 이제는 못 버틸 것 같애. 우리 올해는 넘기지 말고 결혼하자."

이 말을 들은 득권의 얼굴이 갑자기 심각해 지면서 이마에 땀이 송글송글 맺혔다. 잠시 뜸을 들이던 그가 드디어 입을 열었다.

"아… 혜정아. 나도 그러고 싶지만 지금 내 상황이 그렇질 못해. 미안하지만 조금만 더 기다려 줄 수 없을까? 상황만 좀 나아지면 바로 식 올릴게. 응?"

"오빠는 왜 매번 자기 생각만 해? 내가 지금 어떨 거라고는 생각 못 해 봤어?"

그녀의 목소리가 높아졌다. 득권은 그저 그녀가 하는 이야기를 듣는 것 밖에는 달리 해 줄 말도, 할 수 있는 것도 없었다.

"오빠, 그냥 올해 식 올리자. 나 오늘은 정말 확실하게 하고 싶어."

"혜정아, 미안하다. 그건 불가능해. 내가 도저히 그러진 못할 거 같아."

"도대체 이유가 뭐야? 이유라도 알아야 나도 우리 집에 설득을 할 거 아냐."

"그건… 지금 말 하기가 좀 그렇다고 내가 이야기했잖아."

"좋아, 알았어. 그런데 무슨 사정인진 모르지만 그래도 날 정말 사랑하고 믿는다면 이건 아니라고 생각해. 솔직히 오늘 오빠한테 많이 실망했어. 우리 만나는 거 다시 생각해 보자. 나 그만 갈게."

"야 혜정아! 그게 아니고 내가…"

분노로 가득차 보이는 표정 속에 금방 울음을 터뜨릴 것만 같은 그녀의 눈을 보자 득권은 갑자기 말문이 막힌 듯 어떤 말도 할 수가 없었다. 고개를 홱 돌리고 눈물을 훔치며 커피숍을 빠져 나간 그녀는 잠시 후 득권의 시야에서 사라져 버렸다.

5 중위험 중수익 펀드
포트폴리오 사후관리 방법

"득권이라고… 그 친구는 안 됐네. 내가 걱정하던 투자의 두 얼굴이 거기서 나타난 거야. 처음에 투자로 손실을 본 사람들은 다시 투자를 안 쳐다보기도 하지만 반대로 그 손실을 메우기 위해 더 과감하게 투자하는 경우도 종종 있지."

재현과 준형에게서 득권의 이야기를 들은 한 단장이 걱정 어린 목소리로 말했다.

"그러게요, 선배님. 앞으로 주식이나 선물옵션 투자를 하면 안 되겠죠?"

"응. 게다가 빚까지 졌다면 더더욱 말려야 해. 그 친구는 스스로가 나름 전문가라고 생각하지만 지식과 머리만으로는 투자에 성공할 수가 없어. 합리적으로 판단했다면 웬만한 가격 변동에도 심적인 불안감을 느끼지 않아야 하는데 과거에 손해 본 경험과 빚을 진 것 때문에 그게 불가능해. 마치 상처를 입은 야생동물이 주변의 작은 소리에도 평소보다 더욱 겁을 먹고 민감하게 반응하는 것과 같은 이치라고나 할까."

잠시 착잡한 표정을 짓고 있던 재현이 침묵을 깨고 한 단장에게 질문을 했다.

"아, 선배님. 그 동안 강의에서 말씀 들었던 내용을 바탕으로 저희가 중위험 중수익 펀드 포트폴리오를 짜 봤는데 한 번 봐 주실 수 있나요?"

"오, 그래. 어디 한번 볼까?"

재현은 마음속으로 오늘 시간을 내서 한 단장을 만나길 정말 잘 했다고 생각했다. 여름휴가철이 끝나가던 8월 19일 저녁, 재현은 준형과 함께 한 단장을 찾아 MH은행을 들렀다. 전주로 가기 전 인사도 하고 그 동안 배운 내용을 바탕으로 둘이서 짠 중위험 중수익 펀드 포트폴리오를 검증받기 위해서였다. 한 단장은 두 사람의 포트폴리오를 봐 주기 위해 기꺼이 시간을 내주었다.

　재현과 준형이 짠 중수익 펀드 포트폴리오를 본 한 단장이 만족한 표정을 지었다.

　"음, 대체로 잘 짰네. 서로 특성이 다른 펀드들끼리 분산도 잘 되어 있고 고른 펀드들도 운용능력이 검증된 좋은 펀드들이니까 이대로 실행하면 되겠다."

　전형적인 A형으로 친구들 사이에서도 유명한 소심남인 재현은 준형보다 투자성향이 보수적인 편이었다. 연 2~3% 정도의 손실만 발생해도 불안감에 밤잠을 못 자는 그는 연 단위로 손실가능성이 거의 희박한 3~4%정도의 수익을 기대할 수 있는 포트폴리오를 짰다.(주식형 15%, 채권형 및 현금성 85%)

　반면 준형은 재현보다는 다소 공격적인 편이었다. 과거에 주식형 펀드에 목돈을 투자해 본 경험도 있어서 어느 정도의 가격 하락에도 여유있게 투자할 수 있는 체질이었다. 그런 그는 준형보다 다소 변동성이 높되 연 8% 정도를 기대수익률로 보는 포트폴리오를 짰다.(주식형 65%, 채권형 및 현금성 35%)

　시종일관 만족한 표정을 짓던 한 단장이 다시 한번 진지한 표정으로 두 사람을 둘러보며 말을 이었다.

"이젠 두 후배님들에게 마지막으로 일러 줄 말이 딱 하나 남았네. 지금까지 잘 해 왔지만 이대로 놔 두지 말고 정기적으로 3~6개월에 한 번씩 관리를 해 주면 더 좋을 것 같아."

"네? 어떤 말씀이신가요?"

"펀드도 투자상품인 만큼 예금처럼 가입해 둔 다음 무작정 기다린다고 높은 수익을 보장하진 않는다고 했잖아. 그래서 중위험 중수익 펀드 포트폴리오도 좋은 성과를 지속해서 내기 위해 어느 정도의 관리는 필요하단 말이지. 지금부턴 내가 중위험 중수익 펀드 포트폴리오에 투자를 한 다음 무엇을 어떻게 사후 관리하면 되는지 그 방법을 말해 줄게."

"감사합니다, 선배님."

1) 주기적으로 과거 성과를 확인해 보고 이유를 따져보자

"일이나 주 단위의 초 단기로 펀드의 과거성과를 따지는 건 문제가 있지만 최근 3개월 및 6개월 정도 주기적으로 펀드 포트폴리오의 성과를 확인해 볼 필요가 있어. 만약 성과가 크게 꺾인다든지 하면 당장 교체를 하진 않더라도 최소한 이유는 확인해 볼 필요가 있지."

"어떤 것들을 어떻게 확인해 보고 주의하면 될까요?"

"음, 우선 당초 펀드를 투자하려고 결정했던 근본적인 이유가 달라진 게 있는지를 확인해 볼 필요가 있어. 예를 들어 과거 성과가 안정적이고 우수한 롱-숏 펀드를 선택했는데 그 사이에 펀드매니저가 바뀌었다면 이건 근본적인 투자이유가 바뀐 것이지. 따라서 이 경우 펀드 포트폴리오를 바꾸는 게 좋아."

한 단장이 지적한 점에 관한 사례가 있다. 예를 들어 2013년 한 절대수익추구형 펀드는 증시가 제자리걸음을 한 가운데에도 14%의 수익을 올리며 8,500억원의 자금을 모았지만 2014년에는 1.82%의 손실을 내는 저조한 모습을 보였다. 당시 연초에 경쟁 운용사에서 해당 매니저를 스카웃하자 경쟁사의 펀드로 자금이 이탈한 점이 주된 요인 중 하나로 지목된 바 있다.

"그렇군요. 하지만 과거 성과가 나빠서 펀드매니저가 교체된 거라면 더 좋아지는 일 아닌가요?"

"그 경우에도 주의해야 할 필요가 있어. 일단 그런 일이 있었다면 운용사에서는 펀드매니저에 대해 과도한 관리와 모니터링을 실시할 가능성이 높아. 그렇다면 심리적 압박감 때문에 매니저가 제 실력을 발휘하지 어렵겠지. 여기에 펀드 규모마저 100억원대 미만이라면 운용사 입장에서 사업성 때문에 방치할 가능성도 높아 더욱 조심해야 돼."

"음. 그럴 수 있겠네요."

"또는 갑자기 규모가 너무 빠르게 증가한 가운데 수익률이 꺾여도 주의해야 해. 펀드의 자금 규모가 급증하면 자기가 산 주식을 또 사면서 돈의 힘으로 주가가 올라가는 경우가 있어.

특히 중소형주 펀드의 경우 이런 일이 종종 일어나는데 규모가 작아 대형주보다 조금만 사도 가격에 영향을 미치기 때문이지."

한 단장이 물을 한모금 들이키고는 다시 말을 이었다.

"하지만 반대로 들어오던 돈이 갑자기 끊기면서 자금이 빠질 땐 투자자에게 돈을 내 주기 위해 충분한 수익을 내지 못해도 산 주식을 팔아야 해. 이때 산 주식을 팔면서 내가 의도한 것보다 가격이 더 떨어지며 큰 손실이 발생하는 거지.

2) 주기적으로 리밸런싱 하기

"이제 중위험 중수익 펀드 포트폴리오에 대한 확인이 끝났다면 마지막으로 리밸런싱만 해 주면 모든 게 끝나. 이 리밸런싱이란 것만 꾸준하게 해도 중위험 중수익 펀드 포트폴리오의 수익률을 추가적으로 높일 수 있지."

"리밸런싱이요? 그게 뭔가요?"

"예를 들어 [그림 4-3] 또는 [그림 4-4]와 같이 최초에 A주식과 B채권을 50:50씩 두고 투자를 했다고 가정할게. 그런데 시간이 지나면서 A와 B의 성과가 서로 다르니까 비중도 달라지겠지. 이때 일정 시간이 지날 때마다 최초에 세워둔 비중으로 원상복구하는 것을 리밸런싱이라고 해."

"아하, 그림을 보니까 이해가 되네요. 왼쪽은 주식이 5천만원에서 7천만원으로 오르니까 천만원 어치를 팔았고 오른쪽은 주식이 반대로 3천만원으로 떨어지니까 천만원 어치를 사서 비중을 50:50으로 맞춘 거로군요."

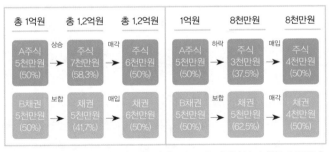

[그림 4-3] 리밸런싱 사례(주가 상승시) [그림 4-4] 리밸런싱 사례(주가 하락시)

"그렇지. 그럼 왜 이런 것들을 하면 좋을까?"

"글쎄요. 솔직히 잘 이해가 안 됩니다."

"만약 특정 펀드가 포트폴리오에서 차지하는 비중이 갑자기 커졌다면 그 펀드 가격이 상대적으로 많이 상승했다는 말도 되지. 그렇다면 이게 떨어질 가능성도 높지 않을까? 그럴 때 최초 비중으로 맞추려면 가격이 올라간 펀드를 팔게 되니 수익을 실현에서 위험을 관리하는 역할을 하게 되는 거지. 다시 말해 포트폴리오의 안전성을 키우는 역할을 하는 거야."

순간 옆에 있던 뭔가 깨달은 듯 표정이 밝아진 재현이 한 단장을 보면서 말했다.

"아하 그렇네요. 반대로 특정 펀드가 포트폴리오에서 차지하는 비중이 줄었다면 그 펀드 가격이 상대적으로 많이 하락했다는 말이고 이때 최초 비중으로 맞추려면 가격이 떨어진 펀드를 사게 되니 쌀 때 더 많이 사는 효과도 있는 거군요."

"맞아. 재현이가 제대로 이해했네. 여하튼 리밸런싱을 계속 하다보면 싸진 펀드를 조금씩 더 사서 비싸질 때 조금씩 더 파는 효과가 있기 때문에 가만 놔 둘 때보다 펀드 수익률이 장기적으로 더 좋아지게 되지."

이번엔 준형이 옆에서 뭔가 생각난 듯 한 단장을 바라보며 말했다.

"선배님 말씀을 듣고 보니 왠지 이 리밸런싱이라는 게 분재 할 때 시간이 지나면 가지치기하는 것이랑 비슷하단 생각이 드네요."

"오, 준형이가 확실히 카피라이터라 그런지 비유가 풍부한 것 같네. 나무를 하나 키우는데도 심은 다음 가지를 치면 나무의 키가 더 커지고 쭉 뻗게 되지. 펀드 리밸런싱도 분재랑 똑 같다고 보면 되는데 처음에는 좀 불편하겠지만 습관만 되면 별로 그렇지도 않아. 이렇게 중위험 중수익 펀드 포트폴리오를 살펴보고 리밸런싱 하기 위해 3~6개월만에 2~3시간 정도만 시간을 내면 돼."

"그 정도만 봐도 되나요?"

"그럼, 오히려 나는 사람들이 펀드 포트폴리오를 너무 자주 들여다 보는 게 더 해롭다고 봐. 조금만 오르거나 떨어져도 팔고 싶은 게 사람 심리다 보니 자주 볼수록 장기투자를 하기가 어렵기 때문이지."

한 단장이 두 사람을 보면서 마지막으로 강조했다.

"실제로 높이 뻗은 대나무를 보다 보면 군데군데 마디가 있지. 원래 가는 대나무가 다른 어떤 나무보다도 높이 뻗을 수 있는 건 이 마디가 있기 때문이야. 이 리밸런싱이 투자의 나무가 더 잘 자라도록 하는데 분명 도움이 될 거야."

"정말 감사합니다. 선배님"

"하하 뭘, 자 이제 내가 해 줄 이야기는 다 끝난 것 같고 재현 후배님 지방 내려가기 전에 오늘은 저녁이라도 같이 먹어야지. 나가자구, 내가 한 잔 살테니까."

6 득권, 다시 출발하는 삶과 사랑

2014년 9월 8일 추석 아침이 밝았지만 노총각, 노처녀에게는 결혼 이야기와 어르신들의 부담스런 시선 때문에 이만큼 힘든 날도 없을 것이다. 득권도 차례를 지내기 위해 찾아 간 큰집에서 오전 내내 힘든 시간을 보내야 했다. 친척들은 결혼 할 생각이 아예 없느냐, 홀어머니를 봐서라도 이제는 독립하고 가정을 꾸려야 한다는 둥 속 모르는 말들을 쏟아냈다.

아침부터 진땀을 뺀 득권은 차례를 지내고 얼마 되지 않아 일을 핑계로 큰집을 빠져나왔다. 어차피 명절 때 같이 놀던 득권의 사촌들도 이미 모두 결혼을 해서 오후에는 처갓집으로 출발을 하기 때문에 더 있는 자체가 고역이었다. 어머니와 같이 집에 돌아 온 득권은 다시 옷을 챙겨입고 답답한 마음에 무작정 거리를 나섰다.

딱히 갈 데도 없는 득권은 회사로 향했다. 밀린 일이나 마저 정리해야겠다는 생각에 컴퓨터를 켜고 책상 앞에 앉았지만 도통 일할 기분이 나지 않았다. 연휴가 끝나자마자 해야 할 PT자료를 완성하기 위해 파일을 열고 타이핑을 하던 중 문득 그녀의 얼굴이 떠올랐다.

'혜정이는 뭐 하고 있을까? 내가 이렇게 허전한데 그녀도 나처럼 이런 기분일까?'

남들은 다들 즐거운 연휴라고 하는데 몸은 편할 지언정 마음은 결코 그렇지 못했다. 명절만 되면 쓸쓸한 가슴에 구멍이 뻥 뚫리는 것만 같았던 득권에게 그래도 최근 4년간 옆에 있어 줬던 혜정의 빈 자리가 이렇게 큰 줄 이제서야 깨달았다.

오후 7시가 되자 해가 지고 컴컴해졌다. 출출한 생각에 창밖 식당가를 쳐다보았지만 길 건너편의 분식집과 편의점을 빼고는 문을 연 곳이 아무 데도 없었다. 오늘 같은 날 저녁으로 김밥에 라면을 먹기 위해 길을 나서는 자신의 모습이 더욱 처량하게 느껴졌던 그때, 스마트폰이 울렸다.

득권이 화면을 열자 재현이 준형과 같이 카카오톡 메시지를 주고 받고 있었다. 득권은 피식 웃으면서 채팅에 합류했다.

준형 : 친구들, 보름달 봤어? 올해는 슈퍼 문(Super Moon)이더니만 진짜 크긴 크더라.

재현 : 나도 지금 식구들이랑 보름달 보고 소원을 비는 중이야. 득권인 뭐 해?

득권 : 난 회사

준형 : 헉! 뭐야, 명절 당일 날에도 회사에 있다구? 무슨 일 생겼니?

득권 : 아니 그냥… 갈 데도 없고, 앞에 분식집 가서 저녁이나 먹으려고 나왔다.

재현 : 이거 참… 노총각 구제하기 위해서 한 번 뭉치고 싶긴 한데 나도 오늘은 처갓집인지라 나가기가 좀 그러네.

준형 : 나두… 우리 내일 뭉칠까? 아 맞다. 재현이 넌 대구에 있지.

득권 : 됐어. 친구들 명절까지 방해하고 싶진 않다.
가족들이랑 즐겁게 보내.

재현 : 득권아, 그러지 말고 혜정씨한테 전화 한번 해 보는
게 어떠냐?

득권 : 수백번을 해 봤지만 전화 안 받은 지 꽤 되었어.

준형 : 야, 그럼 네가 그렇게 보내 놓고는 전화만 한다고 혜
정씨가 풀려서 답장 주겠냐? 확실한 네 마음을 보
여 주라니까. 거기다가 혜정씨도 오늘 가족이랑 친
척들한테 시달리면서 얼마나 힘들었겠니? 이럴 때
먼저 미안하다고 하고 결혼하자고 세게 말 해.

재현 : 난 준형이 의견에 한 표!

득권 : 하지만 지금 나한테 그럴 만한 능력이 없어

준형 : 중요한 건 네가 상황을 솔직히 말하고 앞으로 열심
히 살겠다는 의지를 보여 주는 거라고 봐. 재산이야
결혼하고 같이 모아서 만들어 가면 되는거지.

재현 : 준형이 말에 두 표! 득권아…

득권 : 알았어. 한 번 해 볼게.

　　편의점을 나선 득권이 갑자기 무언가 결심한 듯 다시 회
사에 들어가 짐을 싸고는 비장한 얼굴로 회사를 나섰다.
그가 차에 시동을 걸고 향한 곳은 다름 아닌 혜정의 집이
었다.

한편 그 시각 혜정은 일찌감치 침대에 누웠다. 득권과 헤어진 후 최근 열흘 간 툭 하면 끼니도 거르고 밖에도 잘 나오지 않는 그녀를 보면서 가족들의 걱정도 커졌다. 그래도 추석날 만큼은 부모님을 생각해 애써 웃으며 친척들을 맞았지만 끝나고 나니 더욱 피곤한 느낌마저 들었다.

한참을 누워서 잠을 청해보지만 잠들지 못하고 있는 혜정에게 문자 메시지가 왔다. 확인해 보니 득권이 보낸 것이었다.

'혜정아, 내가 미안해. 네 입장에서 한 번 더 생각하고 행동하지 못한 내가 정말 미안해. 하지만 널 절대 놓치고 싶진 않아. 내가 오늘에서야 너에게 하고 싶은 이야기가 있는데 꼭 들어 줬으면 해."

혜정은 답장을 하지 않았다. 그때 몇 분 후 전화 벨이 울렸다. 혜정이 받지 않자 다시 문자 메시지가 왔다. '바로 집앞에 와 있으니 잠시만 시간을 내 달라'는 것이었다. 창문을 보니 정말 혜정이 사는 아파트 앞에 득권이 서 있었다. 잠시 멈칫하던 그녀가 주섬주섬 옷을 갈아입고는 아파트에서 내려와 현관문을 열었다.

"왜 왔어?"

혜정이 아직 냉기 어린 쌀쌀한 목소리로 득권에게 말했다. 그러자 득권이 혜정을 보며 멋적은 듯 웃으며 말을 꺼냈다.

"혜정아, 내가 정말 미안해. 그동안 내가 너무 내 입장에서만 생각을 했나봐. 그런데 아무리 생각해도 난 너 없이 살 수 없어.

아직도 원망과 슬픔이 섞인 듯한 혜정의 눈을 바라보며 득권은 천천히 말을 이었다.

"난 나의 행동이 너를 그렇게 실망시키고 마음 아프게 할 거라고는 생각을 못 했어. 솔직히 말하면 최근 몇 년동안 주식 투자를 크게 했어. 물론 우리의 풍족한 미래와 너에게 잘 해주고 싶어서 한 일이었지만 내 욕심이 과해서 그런지 손해를 좀 많이 봤어. 너한테 멋진 모습만 보여주고 싶었는데…. 부끄러워서 말을 못 하겠더라."

득권의 모습을 보고 뭔가 달라졌다는 느낌이 들었는지 그녀의 얼굴이 조금씩 풀렸다.

"나 정말 어리석었나봐. 그렇게 너 보내고 나서 보름 동안 더욱 확실하게 깨달은 건 네가 내 옆에 없으면 하루도 살 수 없다는 거야. 그리고 정말 너를 행복하게 해 주는 건 돈보다도 더 많은 시간을 너와 같이 보내고 너에게 더 많은 관심을 가지고 내가 열심히 살면서 계속 달라지는 모습을 보여주는 것이란 것도…"

그때 득권이 뒤에 감춰 둔 꽃다발과 반지를 그녀 앞에 내밀고는 오른 무릎을 꿇었다.

"혜정아, 오빠에게 한 번 더 기회를 주면 안 되겠니? 올해 나랑 꼭 결혼 해 줘. 앞으로 정말 잘 할게."

여기까지 듣던 그녀의 눈에 갑자기 눈물이 맺혔다. 그러더니 마치 방금 전까지 느꼈던 서러움과 그리운 감정이 한번에 쏟아지듯 이내 눈물이 주르륵 흘러내리는 것이 아닌가. 그녀는 말아쥔 자그만 손으로 득권의 가슴팍을 토닥이며 감정을 쏟아내었다.

"이 나쁜 놈…. 오빤 나쁜 놈이야."

"미안해 혜정아, 내가 정말 잘 할게."

"그래도 지금이라도 와 줘서 고마워. 솔직히 오빠가 돌아와 줬으면 하고 나도 얼마나 생각했는지 몰라. 사랑해."

드디어 혜정이 득권의 품을 파고 들었고 득권은 그런 그녀를 말 없이 꼭 안아주었다.

"야, 정말이야? 득권이 너 아주 소설을 한편 썼구나."

추석 끝나고 일주일 후쯤 전주로 떠나는 재현을 환송하는 자리에서 득권이 그 날 밤 있었던 이야기를 꺼내자 준형과 재현이 흐뭇한 미소를 지었다.

"그래서 그 다음에 어떻게 했어?"

"다음 날 가지고 있던 마이너스 통장하고 주식계좌 잔고 증명서를 혜정이에게 보여줬지. 설사 이걸 보고 마음이 돌변하더라도 그녀를 원망하지는 말자면서 마음속으로 몇 번을 되뇌었지. 그랬더니… 정말 돌변하더군."

"뭐? 야, 어떻게 된 거야?"

"말 그대로 무섭게 돌변하더라구. 일단 카드는 다 압수당했고, 주식거래계좌도 다 해지한 다음 모든 돈 관리는 혜정이가 하면서 매달 용돈 30만원과 교통비만 받으래. 빚 다 갚고 집 살 때까지 말이야."

득권의 말에 잠시 놀란 재현이 다시 환하게 웃으며 축하의 말을 건넸다.

"참 나, 어찌 됐거나 축하해. 이제야 노총각 장가가게 되는구나. 더불어 좋은 시절도 이젠 다 갔고 말이지. 앞으로 훅 쪼달리는 생활을 지속하겠군."

그 날 세 사람은 득권과 혜정, 두 사람의 결혼을 축하하며 늦게까지 술을 마셨다. 그리고 두 달 후, 재현과 준형은 행복으로 가득해 보이는 두 사람의 웨딩사진으로 도배가 된 청첩장을 받았다.

중위험 중수익
펀드재테크

인 쇄 일	2015년 6월 18일
발 행 일	2015년 6월 24일
지 은 이	곽재혁
펴 낸 이	최종현
마 케 팅	류준걸 최인석 구영일
교 정	김명옥
디자인·인쇄	삼보아트
펴 낸 곳	책넝쿨
출판등록	제25100-2015-0000009호
주 소	서울시 강동구 고덕로 262
전 화	02) 3703-6136
팩 스	02) 3703-6213
홈페이지	www.nongmin.com

책넝쿨은 (사)농민신문사가 만든 새로운 출판브랜드입니다.

@책넝쿨 2015
ISBN 979-11-952899-8-1 (03320)
이 도서의 국립중앙도서관 출판예정도서목록(CIP)은 서지정보유통
지원시스템 홈페이지(http://seoji.nl.go.kr)와 국가자료공동목록시스템
(http://nl.go.kr/kolisnet)에서 이용하실 수 있습니다.
(CIP 제어번호 : CIP2015016083)